金木水——著

當勵志不再有效

自我平靜的五步修煉

致謝

別擔心，作者是不會感激涕零的，畢竟，這是一本關於平靜的書。

本書的出版，來自眾多的因緣和合——

首先要感謝家人、朋友、同事，上天如此眷顧，讓我有幸與善良的人相遇今生。

作為一名曾就讀附小、附中、大學年的北大校友，我還應該向母校深深致意。

尤其需要感謝的是，在本書成稿後，Diana W、楊翊之、毛麗君、蔣莉，郭冬梅、金根河提出過寶貴意見，再加上橡樹林出版社張嘉芳編輯慧眼識書，由衷致謝。我一直信誓旦旦地宣稱「不會讓各位失望的」，不知能否屬實。

其餘曾見面或未蒙面的朋友，在此就不一一致謝了。反過來倒要提醒下：如果哪位在讀完本書後想要感謝作者的話，別害羞、別忘記、請務必在書中找到聯繫方式。

目錄

給心理學及佛學愛好者的提綱

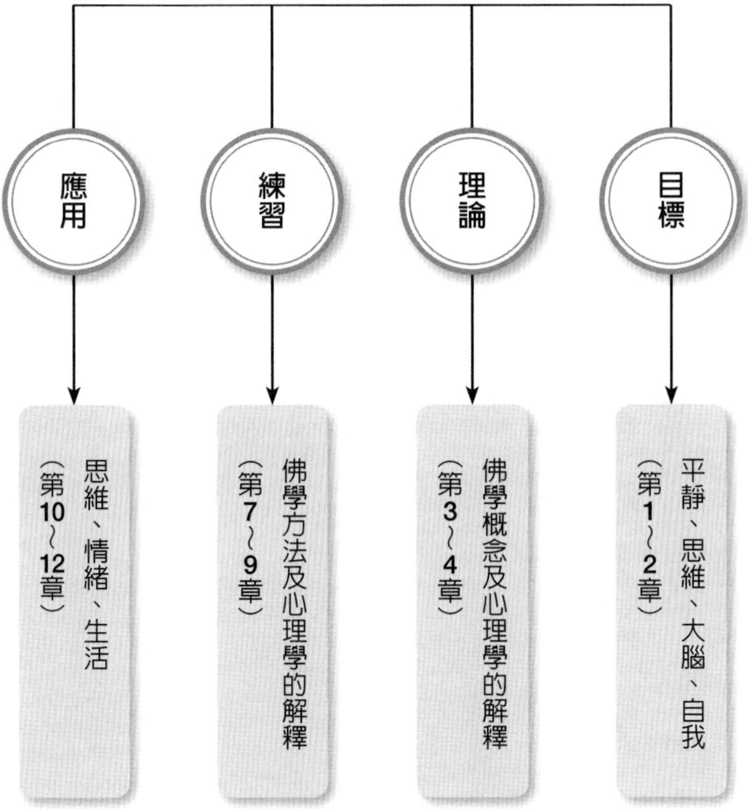

前言

祝賀你翻開了一本與眾不同的書。

這是一本宣揚「勵志可能無效」的勵志書，也是一本宣傳「修心沒有捷徑」的修心書；終於，你遇到了和心靈雞湯唱反調的書。

其實每次走進書店，本人都被擺滿大廳的心靈書籍吸引、能感受到迎面而來的正能量：有讓人動心的，如「愛拼」、「要贏」、「無極限」；也有讓人靜心的，如「放下」、「淡然」、「不執著」。倒不是說它們寫得不好，應該講文筆眞好；也不是說它們寫得不對，應該講道理都對，但我質疑——**理念眞的有用嗎**？

這問題看似幼稚，卻並非玩笑——

我們早就明白「不要爲打翻的牛奶哭泣」的道理，爲什麼常爲昨天後悔？

我們早就明白「活在今天」的道理，爲什麼總爲明天擔憂？

我們早就明白「做自己的本色」，爲什麼卻爲別人一句話想個半天？

我們早就明白「憤怒是拿別人的錯誤懲罰自己」，爲什麼還在懲罰自己？我們早就明白「睡吧，留到明天去想」的道理，爲什麼大腦仍然拒絕入睡？顯然，**道理歸道理，大腦即使明白，也未必照辦**。

試想，如果擺脫負面想法就像領悟一個理念那麼簡單，那麼大家都曾經讀過一本好書，或看過一部感人的電影，或聽過一堂勵志課，當時下的決心也很大啊，爲什麼煩惱重來？試想，既然正能量講了很多，心靈雞湯天天供應，爲什麼周圍的抑鬱不散？再想想，如果自我平靜就像喝雞湯那麼簡單，那佛陀還需要離家出走，耶穌還需要降臨人世嗎？

顯然，勵志如果停留於理念，效果有限。

各位見過很多速效的廣告吧？比如，「30天讓你減肥」、「30天讓你牙齒變白」、「30天讓你胃口變好」、「30天開始新的人生」、「30天情緒控制」等等。這些廣告並不是虛假宣傳，只可惜速效的，往往是短效的；最速效的，也是最容易反覆的。

讓自己的心平靜下來，同樣不是速效可以實現的。作者不否認，少數非常幸運的人讀了少數非常好的書，確實改變了自己一生，但是對於大多數人而言，勵志的道理就像天空中的白雲一樣，來了又去，而煩惱也像天空中的烏雲一樣，去了又來。

記得我有幸旁聽過一堂勵志課，當快結束的時候，老師問學員：「大家今天開悟了嗎？」同學們一個個心潮澎湃，左邊的站起來發言：「老師，我終於明白了一個道理！」後面的站起來說：「老師，我終於恍——然——大——悟！」當時本人誠惶誠恐，捫心自問是否悟性太差。三個月後才發現自己並未錯過什麼，因為再見到以前的學友們時，發現該怎樣的又變回了怎樣：原來發火的繼續發火，原來悲觀的繼續悲觀，原來睡不著覺的還是睡不著覺，再沒人提「大悟」，只剩下了「恍然」。

顯然，勵志如果停留在理念，保質期也很短。

因此，我決定寫一本不同的書。

先說本書的結構，分為兩部分。前六章「人類不平靜的起源」偏重理論，目的是說明：通往平靜，沒有捷徑；後六章「平靜是怎樣煉成的」側重方法，目的是說明：雖然沒有捷徑，但自我平靜仍有理性之道。

再說本書的不同。讀者會問：「我已經讀過不少關於平靜的書了，這本會有區別嗎？」我想會的，原因很簡單：出發點不同，方法就不同；方法不同，結果就不同。出發點哪裡不同呢？

這首先不是一本勵志書，因爲我以爲幾句話解決不了煩惱的問題；其次也不是一本宗教書，因爲不管有沒有宗教信仰，都可以獲得平靜的人生；最後更不是一本「口水書」，世界上浪費的紙張那麼多，沒必要增加了吧，除非它能眞實有益。

我想寫的，是一本理性的「有料書」——希望它能講清楚佛學方法的原理，希望這些原理能帶給讀者「噢，原來如此」的感覺，希望這種感覺能陪伴讀者直到結尾——要求是不是有點高呢？不少朋友希望讀「一本有內容的書」，請對此有心理準備。畢竟，內容紮實的「有料書」不會像心靈雞湯那樣容易消化。

最後說說我自己。煩惱是世人的煩惱，當然包括我自己。說來好笑，當初關注平靜的話題，就是因爲身爲世俗世界中的世俗之人，自己從年輕時起就脾氣較差、很不平靜的緣故。後來的工作性質，也決定了我必須採取些心靈自救措施，當然，很多人處在我的位置上，還痛苦並快樂著呢，哪裡顧得上什麼平靜心的鍛鍊。所謂「煩惱即菩提」，正是煩惱的折磨把我送上了自我平靜的道途。

親愛的朋友，你無意中翻開這本書，意味著我們之間一種特殊的緣分。

可能你的煩惱無人理解，這並不奇怪，因爲一顆多思多慮的心，沒有體會的人難以理解；想得太少的人，哪怕是自己的家人和摯友也幫不上忙。

也可能你的煩惱無人傾訴，這也不奇怪，因爲眞正的不安都深埋在自己心底；即使有人傾聽，你也未必願意傾訴。

更大可能，就像我們開頭描述的那樣，勵志的理念你都一清二楚，只是尋找如何實現的方法，而這正是我寫本書的目的——

願它成爲眞心愛你、爲你解憂、永守秘密的朋友。

金木水　寫於南京紫金山

【第一部】

人類不平靜的起源

這部分將為你解釋幾個概念——

- 何為「覺」？
- 何為「悟」？
- 上述與潛意識和習慣的關聯？

還將為你解答生活中的幾個困惑——

- 為什麼煩惱去了又來？
- 為什麼明白道理卻做不到？
- 正能量的人也會抑鬱？

1 不平靜的起源

一七五〇年，盧梭寫過一本關於人類的社會關係的書，叫《人類不平等的起源》。

一八六五年，達爾文寫過一本書關於物種的進化關係的書，叫《物種起源》。

今天受這兩本「起源」的影響，本人也準備以「人類不平靜的起源」，作爲本書的開篇。

好心的讀者不免爲作者捏一把汗：爲什麼一上來就參照大師的著作、設置如此之高的標準呢？既不是因爲方向接近——我們不關注世界、只關注內心；也不是因爲我準備追隨大師的風格——如果哪位讀過達爾文的長篇大論和盧梭的自由想像，一定會發現這次的「起源」要通俗很多。

本人膽敢參照的原因只有一個——本書的主題同樣重要。試問：與猴子的進化和野蠻人的平等相比，自我平靜的人生對大多數人而言，是否更迫切也更有意義？

但顯然，本書基於這樣一個前提：你希望平靜。前提如果不成立，本書對你就毫無意義；前提如果成立，本書對你的意義自然重大無比。要判斷清楚，我們就要先定義清楚：什麼叫平靜？

煩惱時才想到平靜

哲學中有條小規則：不定義還好，一定義就會出現混亂，更不用提定義平時想不起來的——平靜。

怎麼會想不起來呢？就好比空氣。大家每天呼吸著空氣，以至於把空氣當成了想當然的事，除非自己喘不上氣來，不會意識到「噢，空氣原來存在」。又好比重力，最近有部很受歡迎的科幻電影叫《地心引力》（*Gravity*），講的卻是失去重力的故事——大家每天生活在重力之中，覺得那麼自然，甚至有些枯燥，直到有一天飛到太空，這時太空人拼命地去抓、瘋狂地去抓，卻抓不到那個大家習以爲常的重力！

心的平靜，就是這樣一種感覺。舒適的時候我們忽視它，煩惱的時候我們尋找它，當自己焦慮、不安、吃不下飯、睡不著覺的時候，才忽然意識到：「平靜哪裡去了？」所以與其定義平靜，還不如從它的反面入手來得簡單。

平靜的反面，就是煩惱——包括負面念頭和負面情緒。

現代人的負面念頭有個長長的名單：憂慮、悔恨、猜疑、自責、嫉妒、頭腦爆炸……現代人的負面情緒也有一個長長的名單：憤怒、悲傷、痛苦、急躁、浮躁、焦慮……此外還有一種難以歸類的、對一切都不感興趣的煩惱，叫作憂鬱。

煩惱沒有年齡限制。從上學起，我們就開始了關於同學、老師、學業的牽掛；走進社會，先是遇到愛情，然後是車子、房子、票子的問題；步入中年，則肩負起伴侶、子女、父母的三座大山；好不容易完成這些重任，煩惱消失了嗎？不，我們開始關注病痛和死亡。

煩惱也沒有貧富貴賤之分。如果說票子、房子、車子都是普通人操心的事，那精英們應該沒煩惱吧？不，看似強大的思維，既可能是他們的朋友，也可能是他們的敵人。如果某天負面思維控制了大腦，精英們煩惱起來比常人更執著！

這是我們永遠不會遲到的功課，卻也是我們無法請假的功課。

除了眞煩惱，我們還要區別一下假平靜。

有一種是外人在場時表現很好，在公司裡更是古道熱腸，可回到家，面對丈夫或妻子、小孩、父母的時候，反而很容易情緒失控，當然事後又開始後悔！再比如，大多數時候表現很好，只是不能遇到自己的「死穴」，一旦遇到這種死穴，或者怒火騰地冒起，或者羨慕嫉妒恨全來，平時理智的自己變成了毫無理智的「不像自己」。

還一種是退隱山林式的平靜。對現代人來講，其實已經無處可隱了——野生動物都沒棲息地了，隱士們也一樣——別的不說，警察、稅務、區公所、民政局、衛生署……都是不會讓你「隱」下去的；如果莊子活到現在的話，也難免要去這些機構登記吧。更何況，隱士是一種心境，不是一種環境，有了平靜的心，即使在社區、商場，也算大隱於市，而懷著經不起誘惑的心搬到深山，一有風吹草動又開始不安了。因此躲避不是辦法，無論躲進廟宇，避風港，或另一個世界。

因此我們要的，不是外表的平靜，不是與世隔絕的平靜，而是**在不平靜的生活中尋找平靜**。

按說目標夠高了吧？不，有些朋友覺得不夠高，他或她會說：我要的不止是平靜，更是快樂。應該講何為快樂、如何快樂，應該留到最後再講，但此處不妨先列清邏輯：第一，有快樂就有不快樂，第二，從不快樂到快樂得先經過平靜。結論是，兩者並不矛盾——想要快樂，先要平靜。

其實不僅上述朋友，就連作者自己，也覺得目標不妨更高——聽來是否有些過分？——讓我們在「平靜」前面加上「自我」兩個字，變成「自我平靜」。

這次作者不僅以爲不過分，而且以爲很必要！當人們心情無法平靜的時候，總希望找人傾訴，結果形成一種依賴。問題是世界上沒有人可以絕對依賴，即使我們願意絕對信任某個人，也無法確保這個人永遠存在。在人生道路上，每個人都會獨自面對終點的。

說到自我，就以自己爲例拋磚引玉吧。應該講，我的人生經歷還算比較豐富——先是上過很多年學校，和形形色色的考試打交道；後來又辦很多年企業，和形形色色的人打交道；近來又開始寫作，與形形色色的文字打交道，是不是父母送我走上這些不同的軌道呢？我只能說，感謝父母提早打消了我依賴的幻想。

記得二十多年前，自己隻身一人去美國留學時，帶上飛機的不是對遠行的興奮、對學業的憧憬，而是對未知的恐懼、對未來的茫然。恐懼與迷茫中的安慰是，還記著母親那句話：「鼻子底下有嘴，不會自己去問！」憑著這句話以及鼻子和嘴，承蒙上天的厚愛，後面的人生都被我跌跌撞撞地問出來了。今天我也把這個沒有妙計的錦囊與你分享。

明確了平靜的目標，接下來，我們將從不同角度，看看「不平靜的起源」。

妄念紛飛的當下

第一條線索來自生活。

僅僅憑藉觀察，我們就會發現煩惱有一個特點——它與思考密不可分。

想想看：當煩惱的時候，我們在做什麼？答案一定是「思考」。

再想想：有什麼時候我們焦慮不安，卻沒在思考嗎？答案一定是「沒有」。

結論是：**思考未必煩惱，但煩惱必然思考**。

思考並不是壞事。相反，它造就了人類的偉大。柏拉圖定義思想爲「靈魂的自我對話」，牛頓將自己的成就歸功於「精細的思維」，恩格斯將一個民族的高度等同於「理論思維」——作爲人類的一員，我們都以愛思考、會思考爲榮。

但思考也不總是好事。判斷好壞的標準很簡單：如果它帶給我們快樂，當然可以繼續思考；但是如果它帶給我們煩惱，就不該思考了；當想停止卻無法停止思考時，各位就能體會到——有一種煩惱叫做胡思亂想。

胡思亂想什麼呢？

最早可能是某個難以釋懷的念頭，好似口香糖一般，粘在大腦中揮之不去。記得自己多少次把它用力扔出，結果多少次回頭發現，「口香糖」仍在那裡。這只是個開始，負面念頭會一個接一個跑出來，想停也停不下來。

愛思考的朋友都有過妄念紛飛的經歷吧。

深夜，大腦應該入睡卻拒絕入睡，不僅毫無困意，反而異常活躍。或者它興奮得睡不著，或者它煩惱得睡不著，大腦中駐紮著相互矛盾的念頭：有的在狂奔，有的在叫停。狂奔的那位好像是主角，它在為過去的一天懊惱：「這件事沒辦好！」又為沒開始的一天憂慮：「別人會怎麼看我呢？」直到想得頭疼，這時叫停的念頭才出來說：「別想了，太累了！」但即使我們試圖轉移注意，也不會有太大的作用，因為原來的聲音又會出現：「不行，還是放不下啊！」有人把念頭在大腦中打轉形容為「天人交戰」，其實這與天、人都沒什麼關係，不過是念頭把大腦變成了戰場。

除了晚上想，白天更在想。比如某天在公司，你衝幾個聊天的同事招手示意，可同事們正聊得興起，以至於沒注意到你的出現。這時念頭已經不由自主地冒出來了：「為什麼故意不理睬我呢？不會在談論我吧？」……雖然表面平靜，心裡卻煩了很久。

除了念頭在想，情緒也在想。比如某次在路上，不知從哪裡冒出一輛車，忽地別到你的車前，其實那個司機在打電話，根本沒注意你在旁邊。但這已經讓人怒火中燒，念頭一個接著一個冒出來：「這麼不守公德，撞上了後果多可怕，最好教訓下這個傢伙……」前面的車早已不見，自己還越想越氣。

這些「想」，都不是正常的「想」，而屬於胡思亂「想」。

胡思亂想與煩惱有什麼關係呢？很簡單，它就是煩惱本身。

大家都知道東周列國志中「二桃殺三士」的故事吧，其實桃子哪有這麼大威力，胡思亂想才有這麼大的威力。看看三位勇士中，一位是因沒吃到桃子憤怒而死，一位是因早吃桃子悔恨而死，一位是因自覺羞愧而死，分析起來，既有煩惱的思維，也有煩惱的情緒。

負面思維讓人不安，好似慢性毒藥；負面情緒則讓人發狂，更像定時炸彈。如作家李敖說：「定時炸彈爆炸前，表面最平靜。」聽起來，是不是很像爆發前的自己？

雖說危害都很大，但歸根結底是要控制好思維。爲什麼這麼說呢？因爲情緒未必伴隨著念頭，而念頭一定伴隨著情緒。無論什麼煩惱，背後總有一到無數個胡思亂想的念頭。它們帶給心靈的不是平靜，而是緊張；帶給身體的不是健康，而是壓力。

對我們人類而言，可謂成也思考，煩也思考。

西方的理論

第二條線索來自西方的理論。

我們講「有一種煩惱叫作胡思亂想」，估計沒有爭議，但如果我引申一步說「全部煩惱都是胡思亂想」，各位就未必認同了。

「不對啊」，你會反駁說：「很多煩惱是眞實存在的，比如我要買房、買車，家人需要照顧，子女需要上學，工作需要升遷等等。」一點不錯，甚至我可以補充些：感情糾葛，柴米油鹽，人際關係，社會不公等等。根據西方心理學中的認知療法，它們不等於煩惱——這些事物眞實存在，但大腦的解釋不眞實。

說起認知療法，我們先簡單回顧下現代心理學的發展歷程。很多人沒有意識到的是，現今如此流行的心理學很晚才作爲一門科學從哲學中分離出來。以一八七九年馮特在萊比錫大學建立世界上第一個心理實驗室爲開端，至今才一百多年的歷史。

作爲心理學的應用分支，心理治療的歷史就更短。一九〇〇年，佛洛伊德在一片質疑聲中，以探究人類靈魂深處的潛意識來治療精神疾病。方法是讓病人躺在椅子上自言自語、自由聯想；醫師不負責回答，只對病人談話背後的資訊加以分析。在佛洛伊德之後，這種啓發式的「精神分析」逐漸佔據了心理治療的主流。直到二十世紀五十年代，三位心理醫師艾理斯、貝克、梅肯鮑姆提出了一種更直接的方法：醫師不再啓發，而是直接質疑患者的思維——糾正認知。

據認知療法的主要創始人阿爾伯特・艾理斯所述，認知療法的基礎源遠流長，一直追溯到古希臘哲學家埃皮克提圖的名言——「人不是被所發生的事所困擾，乃是被對該事的看法所困」。沿此思路，艾理斯提出了廣爲人知的ABC理論，用A、B、C三個字母代表認知中的因果關係：A代表外界的誘發因素，即不幸事件；B代表對該事件的認知，即大腦的解釋；C代表該事件引起的結果，即情緒和行爲。[1]

認知療法的ABC理論

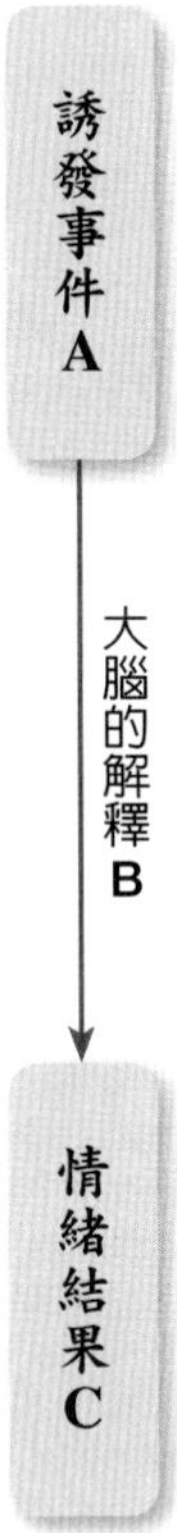

艾理斯指出：在心理治療中，人們往往把精神疾病(C)的原因歸咎於外界原因(A)，而忽視了自己的認知(B)在裡面所起的解釋作用。「不管病人的想法多麼強烈，都不能證明某事一定是眞的」，艾理斯列舉了一個形象的例子，「比如病人認爲自己是一隻袋鼠，感覺自己就是，而且圍

繞著傢俱像隻袋鼠跳個不停，這些都無法證明病人眞的就是袋鼠！」[2]治療的關鍵，在於糾正認知中的非理性信念。

艾理斯總結出十一種（後來擴展爲五十種）不合理、不現實的認知——我們很容易在頭腦裡找到它們的影子：

- 絕對要獲得生活中重要人物的喜愛和讚許
- 在人生中的每個環節和方面都能有所成就
- 人不能犯錯誤，否則就得受到嚴厲的譴責和懲罰
- 人不能遭受挫折，要按自己意願發展事物
- 人對自身的痛苦和困擾無法控制和改變
- 面對現實中的困難和責任採取逃避行爲
- 過分憂慮、擔心危險和可怕的事
- 人必須依賴別人，缺乏獨立性
- 過去的經歷和事件對現在生活的影響是永遠無法改變的
- 過分關心他人的問題

●堅持尋求一個完美、正確的答案[3]

就我們的主題而言，ABC理論細化了煩惱的過程，揭示了煩惱並非像假設的那樣自動產生、沒有錯誤。相反，**煩惱經過了大腦的認知過程才產生，並且中間經常出錯**。即使不用「出錯」一詞，無可否認的是，不同的人對同一件事情，認知相差很大。比如大美女「冰冰」，在我們的眼裡很性感，在老虎獅子的眼裡只是美食，在外星人的眼裡可能更像一個怪物——少數人類也難免贊同外星人的觀點。在這三種情況裡，「冰冰」並沒有什麼不同，三種認知卻很不同。

就連同一個人對同一件事情，認知都相差很大。比如同一個你，對同一個老公，如果今天你心情好，就覺得他的錯誤都可以理解；如果你明天心情不好，就覺得不僅今天的錯誤無法原諒，連昨天的錯誤也記起來了！

其實，我們相差很大的人生，何嘗不也取決於認知？有的人每天充滿感恩，有的人則每天充滿怨恨。一生盡享榮耀的拿破崙不滿於一生中「找不出六天快樂的時光」，而天生沒有手腳的力克．胡哲卻滿足於「我那好得不像話的人生體驗」[4]。你我的生活，既沒有拿破崙那麼榮耀，也不像力克那樣殘缺，你我是如何認知的呢？

顯然，來自西方的理論對我們解釋煩惱的來源很有幫助。但如果我告訴你，這麼現代的理論，早在兩千六百年前已被別人說過一遍，你必然詫異、錯愕！沒問題，我會出示證據的。

東方的思考

第三條線索來自東方的思考。

說到煩惱的起源，我們還沒來得及提到一個人，他是以煩惱為專題的第一人，但他的本人及他的學說都常被誤解，這個人就是佛陀。

佛陀的本名叫喬達摩．悉達多（西元前五六五年至四八六年），大約與我國的孔子、老子以及希臘的蘇格拉底年代接近，在創立佛教後被尊稱為佛陀，在入滅之後來又多了很多名字——釋迦牟尼、世尊、如來、等正覺、明行足、世間解、如來、佛等。

之所以說佛陀常被誤解，我想有三個原因。

一是他不是神，卻被崇拜為神。說來奇怪也說來話長，佛陀生前反對崇拜偶像，更反對以自己作為偶像，如果有人反問我現在寺廟裡供奉著什麼，我只能說原始佛經中根本找不到供奉這回事。所以在本書裡，我們以佛陀為智慧之師，就像老子與孔子那樣。

二是他跨界理性與神秘，雖說這有利有弊，但對理性來講，肯定弊大於利，因爲別人總以爲他是教主，反而忽視了其理性的思考。

三是他的語言太複雜、太深奧、太久遠，後世的弟子們也不敢擅自改動。僅僅由於不受宗教限制的緣故，本書才敢簡化、通俗化、現代化。其實對大多數讀者，簡化版、通俗版、現代版已經足夠，相信佛陀本人一定會支持這種與時俱進的努力，儘管（少數）他的弟子未必同意。

佛陀易被誤解，佛教就更如此。

一提到佛教，很多人就想到了迷信：「那不是燒香拜佛嗎？」。也對也不對。佛教常提佛、法、僧三寶，其中：

「佛」與「僧」的部分對應宗教，在信仰上包括拜佛、輪迴、崇拜，在組織上包括僧團、法會、儀式——與本書內容不太相干。

「法」的部分對應義理，包括人生觀如「四聖諦」，世界觀如「五蘊」，實踐論如「八正道」——與本書內密切相關，也稱作佛學。

要想一眼看出佛教和佛學的區別，最好到訪我家。客廳屬於佛教的區域，我太太在那裡念《心經》、《金剛經》、《楞嚴經》、《阿含經》、「大悲咒」；還燒香叩拜，每天弄得客廳裡煙熏繚繞。佛是她的信仰，她是佛的信徒，她生活在信仰的平靜之中，從來不需要本書的建議。而在我家的另一端，書架屬於佛學的區域。本人相信佛陀的學說，主要因爲它不完全是宗教。

在我看來，佛教的生命力源於其理性，這與其他宗教有很大區別。相比起基督教、伊斯蘭教、猶太教的成功，除了理念因素以外，更要歸功於神的感召及教會的管理。說實話後兩點，佛教做得都很差，我還從未見過如此無組織、無紀律、無統一經文的宗教——僧團無最高領袖，戒律僅僅算自律，佛經更各取所需——但它有一點額外殊勝：佛學的智慧，始終帶給人類經久不衰的心靈安慰。

澄清誤解之後，我們先拋開佛教、只談佛學。

什麼是佛學的主題？

我們知道，歷史上的每個哲學家都有自己的主攻方向。比如孔孟專攻「入世」，老莊專攻「出世」，蘇格拉底專攻「良知」，柏拉圖專攻「理想世界」，**而佛陀的專攻方向，則是煩惱與平靜**。

就是這本書主題的那個「煩惱和平靜」？沒錯。並且有據可依。佛陀用「四聖諦」來統籌自己的理論，即「苦、集、滅、道」四條：「苦」包括身苦與心苦，前者已被現代人視爲自然規律，後者通俗地講就是「煩惱」。接下來，「集」是煩惱的升起，「滅」是煩惱的消滅；「道」是走向平靜之道。佛陀的目標不僅是平靜，更是寂靜，這當然要深刻很多，但我們這些世俗之人先達到寂靜的一半——平靜也好。

進一步追問：佛學讓我們如何平靜？

煩惱和平靜的主體都在於生命，可細想一下，還眞是很難定義生命。在佛陀看來，生命不外乎是五種組成（五蘊），即身體（色）、感受（受）、想法（想）、指令（行）、意識（識）。如下表所示——

五蘊：生命的組成

色	**1. 物質：**比如身體和外界
受	**2. 感受：**比如身體感覺到的酸甜、苦辣、冷暖、疼痛
想	**3. 判斷：**比如認知、見解、思緒、想法、回憶、預期的念頭
行	**4. 指令：**比如想擁有、想逃避的念頭
識	**5. 整體意識：**比如上面形成一種平靜感或一種煩躁感

舉個例子來說，在寫這段文章時，我瞥見了床上放著一個包裝精緻的盒子（色），於是有心中一亮的感受（受），接著產生了好奇心，「是誰放在那裡的呢」（想），再下來的反應是「我想過去仔細看一下」（行）。就這樣，我暫時脫離了寫書的痛苦，進入在一種整體的喜悅之中（識）。整個過程像是在一秒鐘內完成似的，但細分則確實包括這五個步驟。經查那個盒子是我女兒送給我的一個禮物，怪不得自己的直覺就是欣慰。

相反的情況——煩惱的產生——其實類似，它不過是生命五種組成的推進：首先外界與身體產生了接觸，接著引發了感受、判斷、反應，最後形成了整體意識。[5]用圖大致示意如下。

五蘊理論

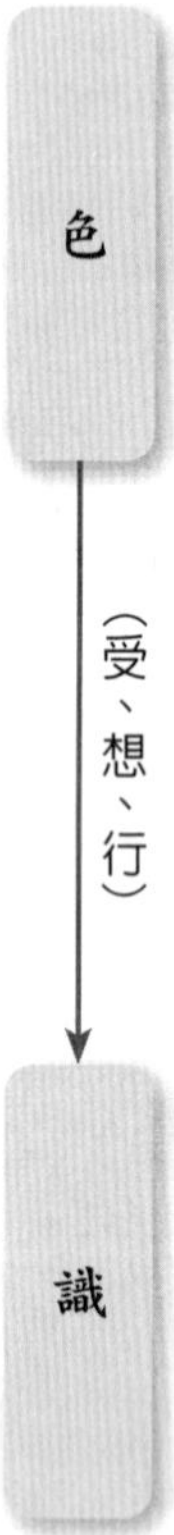

合併一下並翻譯成白話：

咦，怎麼看起來如此眼熟？沒錯，這就是剛講過的認知療法的公式。讓我們再對照一下：

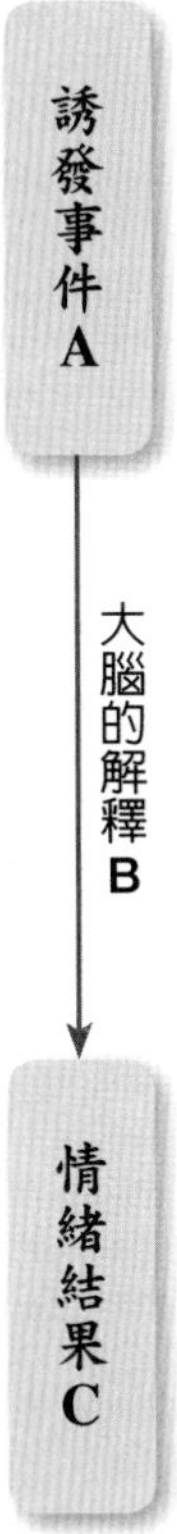

「五蘊」中的「色」對應認知理論中的誘發因素(A)——妄念的促因；「受、想、行」對應認知理論中的大腦解釋(B)——妄念本身；整體意識「識」對應認知理論中的煩惱(C)——妄念紛飛的結果。除了比認知療法中的ＡＢＣ理論要早幾千年，別的我沒看出差別！

倒不是要替佛陀爭優先權，我只能說英雄所見略同，早在兩千六百年前，佛陀就已經得出了和西方心理學家同樣的結論。

同一個方向

東西方的智慧不謀而合，再加上我們對生活的觀察，所有線索都指往同一方向：**煩惱意味著胡思亂想的念頭**。

我們能否下結論「胡思亂想的念頭是不平靜的起源」呢？不能，起碼現在還不能。因爲這個結論是不完整的：它的正命題——「有煩惱就有念頭」——成立，而它的否命題——「沒煩惱就沒念頭」——不成立。6

否命題的問題出在：選項不止一種。

比如，前面柴米油鹽、票子、車子、房子的例子中，環境是不是我們的煩惱呢？既是也不是——說它們是，因爲如果沒有這些誘發因素(A)就沒有煩惱(C)；說它們不是，因爲中間還必須經過大腦的解釋(B)，如果沒有錯誤的解釋(B)的話，也無法形成煩惱(C)。

再舉個例子，某「學霸」同學考了九十分（外界因素A），卻倍感自責（煩惱結果C）。爲什麼呢？因爲這位同學覺得「一百分才算成功，成功才能快樂」（錯誤認知B）。那麼顯然正命題成立：煩惱意味著錯誤認知的存在。但否命題呢？是否消除煩惱一定要糾正認知才行？未必，既可能這位同學改變了認知——比如轉變思維「不需要成績也可以成功、不需要成功也可以快樂」，也可能這位同學改變了成績——比如下次眞考了一百分，那樣即使錯誤認知不變，同樣不需要自責了啊。

兩個例子都說明：要擺脫煩惱，可以解決問題，也可以糾正認知。此外，還有一種非常規的方法——某「學渣」同學最愛用的方法——撕掉試卷、蒙頭睡覺，對問題視而不見，在學校裡叫作翹課，在生活中叫作逃避。

看來，擺脫煩惱有三種選擇——解決問題、糾正認知及逃避。其中，「解決問題」在消除環境因素A；「糾正認知」在消除念頭因素B；而「逃避」在消除問題本身。

要堵上否命題的邏輯漏洞，我們就要證明：儘管有三種選擇，糾正認知仍是其中的最優之選。

首先可以排除的是逃避。因爲它在直覺上最消極，我們留到實修開始之前再講，那裡是各位最容易逃避本書之處。

接著，要排除的是解決問題，可這不太容易，因爲它確實是擺脫煩惱的途徑之一——如果環境改善了，那憂慮、自責、後悔、憤怒、嫉妒就也都消失了，我們也不用控制念頭、控制情緒了。

亞里斯多德提出過解決問題的三步驟——瞭解、思考、行動，但不確定性在於：第一，總有無法預測的問題，因而無從準備；第二，總會有解決不了的問題，沒有人的運氣能好到無往不利。在人類歷史上，雖然出現過無數自命不凡的偉人，還沒有哪位預測所有問題，更不用提解決所有問題。因此兩千多年來，並沒有多少人因亞里斯多德的三步驟而減少煩惱。

可時至今日，「解決問題」仍是精英朋友們最慣用的方法。比方說，爲業績下滑而煩惱？那抓業績就好！爲收視率下降而擔心？那宣傳就好！爲升職遇阻而抑鬱？那找關係就好！萬一遇到一個過不去的坎呢？就要讀本書爲「精英的煩惱」準備的專題了。

不用說精英，即使對一個普通人來說，改變外部環境似乎也是擺脫煩惱的最快途徑。比方說，誰買房子缺錢，如果突然中了個彩票，問題就解決了！誰苦於找不到物件，如果突然天仙上門，問題就解決了！誰成名無門，如果突然被星探發掘，問題就解決了！可這些「如果」的概率有多大呢？也許有朋友會說：「就算碰巧，也是好事啊？」沒錯，但煩惱還會再來。這就要求我們去學習一種抗煩惱的能力。

「你的意思，是不用解決問題，只要糾正認知就行了？」不，我的意思是不矛盾，一邊解決問題，一邊糾正認知，但根本在於後者。爲什麼這麼說呢？前者也與後者有關，想想看：要解決問題，除了天時、地利、人和等環境因素外，還需要智慧——有智慧才能事半功倍。智慧哪裡來呢？正確的認知。

因此我們可以得出結論：雖然並非唯一途徑，糾正認知仍是擺脫煩惱最現實的選擇！

用一句話總結本章的內容就是：煩惱來源於胡思亂想的念頭。

看來，要找到不平靜的起源不難，難的是：爲什麼這個「不平靜的起源」去了又來？更難的是：如何讓「不平靜的起源」不再重來？

要回答這兩個問題，我們都要繼續追蹤本書的主角——念頭。前六章，我們將熟悉它的來龍去脈；後六章，我們與它鬥智鬥勇。能否期待一個智取魔頭的大圓滿結局呢？請拭目以待。

2 念頭不是你

美國喜劇演員埃莫·菲力浦斯（Emo Phillips）曾經講過這樣一個笑話：「過去我曾認爲大腦是我最重要的器官，但隨後我又想：等等，是誰告訴我的呢？」

這個笑話如此之冷，以至於三十年後的今天，我又會心一笑。如果哪位還沒聽懂的話，大腦中的念頭一直在暗示自己的重要性。

之所以要講這個笑話，因爲**本書基於這樣一個假設：念頭不是你**。如果假設不成立，本書的方法與心靈雞湯毫無區別；而如果假設成立，本書的方法與心靈雞湯就有了天壤之別。

念頭在哪裡

大家都聽說過 $E=MC^2$ 吧，這是核聚變的原理、太陽燃燒的秘密、今天每個中學生都學過的物理公式，在某些領域，人類的知識進展驚人。在另一些領域，我們卻所知甚少，意識就屬於這種神秘的領域。

意識涉及到自我，後者是前者的主體。如何用科學的方法來解釋自我，已被包括《時代雜誌》在內的眾多媒體列入了本世紀最值得期待解決的課題之一，不出意外的話，也將被列入下一世紀的人類課題。

意識也涉及到大腦，後者是前者的發生地。一個在物質世界，一個在精神世界，它們不僅性質不同，還被世界上的兩類人、用兩種方法研究著：大腦是科學家的地盤，他們深究細節；意識則是心理學家、哲學家、宗教人士的最愛，他們相信整體。方法上的南轅北轍，註定了兩類人各說各話，害苦了兩邊都聽的求知者。

我們一口氣提到三個概念——意識、自我、大腦，其實都是爲了一個目標——找到念頭。邏輯很簡單：既然第一章已經分析出「不平靜的起源」在於念頭，那麼只有找到念頭，才能找到針對它的辦法。

讓我們評估下這三條線索：念頭與「自我」有關，念頭出沒於意識、念頭出沒於大腦。

可能一：能在「自我」中找到「念頭」嗎？

它們都夠神秘的，神秘到分不清誰是誰的地步。在我提醒各位之前，各位當然認爲念頭就是自己。這還不是一時的想法，而是幾十年都這樣認爲的；也不是某一個人的想法，所有人都和自己的念頭難分難捨。我們每天說話的時候，不知不覺提到無數次「我」，連這本書中，都不知道出現過多少個「我」，它清醒的時候在，睡眠的時候也在，從生命開始直到生命結束。

各位一定聽說過「我思故我在」吧，當法國哲學家笛卡爾說這句話的時候，他認爲世界的一切都是値得懷疑的，只有「我」眞實存在。在東方，佛教也曾有「天上地下，唯我獨尊」的說法[1]。這個看似無可置疑地存在著的自我，究竟在哪裡？看來，我們最好具體到某個流程。

可能二：能在意識中找到念頭嗎？

即使能，也要費番工夫，因爲意識遠比我們想像的複雜。舉個例子吧，常說的「我在想」三個字，其中每個字都不簡單。

首先主語「我」，剛剛講過，就堪稱世界上最神秘的概念。

其次副詞「在」，看似簡單，卻並非單一步驟。要瞭解這個「在」是怎麼發生的，我們就要細分意識，問題是：意識可否分解、如何分解？當一個念頭劃過腦海時，難道不是「一個」完整動作嗎？

最後動詞「想」，也有不同類別：是思維，是情緒，是記憶，還是感覺？它們是人爲劃分出的概念，還是相互獨立的事物？假設它們獨立，是否各行其是？假設它們不獨立，那控制中心又在哪裡？

對意識的複雜性有些感覺了吧，別著急，看來流程還不夠具體，我們最好再具體到某個位置。

可能三，能在大腦中找到念頭嗎？

似乎相對容易一些。醫學早已揭示：大腦是念頭的物質基礎：人體的神經系統由大腦、脊椎和周邊神經組成，其中，周邊神經遍佈全身、負責信號的採集和發佈；脊椎負責中間傳輸；而所有資訊的集中處理都在大腦。

科學家們對「從大腦中找念頭」舉雙手贊成，自有考量：首先從直覺上，雖然科學家們經常爲如何解釋某個研究喋喋不休地爭論，但當他們用手摸著自己大腦的時候，很難問「腦」無愧地否認它的地位。再到方法上，意識看不見摸不著，而大腦看得見摸得著；意識無法定量，而大腦可以定量。

想像一下，如果能在實驗室中找到感覺、思維、情緒、記憶的話，我們的煩惱問題就拜託外科醫生的手術刀了，接下來分解、定位、清洗、切除！雖然聽來幼稚，卻也無法忽視：誰能保證科技發達的未來，會不會發現「煩惱基因」之類的東西呢？

在最終決定如何尋找念頭之前，先說明本書的立場。

傳統與科學

聽起來有些誇張：意識有關立場。

舉例說明吧，我以為科學發展到現在，類似「意識的中心在哪裡」的問題應該無需討論了，但在近年的國學浪潮中，很多玄而又玄的概念又被重新提了出來，也搞不清是來自中醫，還是來自宗教，比如什麼意識「在丹田」，「在玄關」，「無所不在」，甚至什麼意識「隔空發功」、「隔空治療」、「隔空感應」。一時間，這個不是問題的問題又成了問題。

放到古代，這倒不是一個中國獨有的觀點，比如古希臘時代的亞里斯多德也認為心臟有意識功能，而大腦只起冷卻作用。考慮到這位哲學大師從希臘時代到中世紀都佔據著歐洲的理論高地，他的錯誤如同他的貢獻一樣影響深遠，證據就是我們仍然在英文中看到「勇敢之心」（BRAVE HEART）等精神境界的描述。但時至今日，這種觀點在國際上早已讓位給科學了，目前仍在爭論「意識中心在哪裡」的，當屬中國國學界的一種特殊現象。

如何面對這股復古浪潮呢？本書的態度是以科學爲準。儘管我們承認未知世界，也尊重宗教情懷，但**立足於人類現有的科學知識，本書認定大腦爲意識的中心，即念頭、情緒、記憶、感覺、覺知等精神世界的發生地**。

儘早澄清是因爲，本書從本章開始，將遇到一些傳統文化和現代科學的矛盾。這種古、今、中、西之間的矛盾在其它領域並不常見，即使遇到了也容易解決；可但凡涉及到意識，爭議就變得很常見，還經常演變爲論戰，因爲這是一個古今中外共同關心、方法不同、尚無結論的話題。

先看共同關心。按說我們和下一代談話都有代溝，和老祖宗之間更難溝通，可凡事總有例外：人們對意識的關注，跨越時代、古老而永恆。

再看方法不同。古人偏重哲學和宗教，而現代人偏重科學和心理學；古人用古文，而現代人用白話文。上千年的邏輯差異、文字差別，很容易造成混淆，別說原文，就連翻譯都會引起很多爭議。可以想像，如《聖經》、佛經、諸子百家、希臘哲學等經典，歷經了多少輾轉才流傳至今，在感恩珍惜的同時，我們又不免悄悄懷疑，哪些是本意、哪些是引申。

最後結論是——尚無結論。我們既不能忽略祖先的智慧，又不能漠視現代科學的發現，如何處理相互矛盾之處呢？最好明確下規則吧。

我把本書的立場總結爲兩點，希望能得到讀者的認同：一是**「古以今準」**，二是**「古爲今用」**。後一點相對容易理解，留待後面再講，這裡先講前一點。

所謂「古以今準」，就是在古今之間，以「今」爲準；在傳統與科學之間，以科學爲準。落實到具體，即「兩個凡是」：凡是能對應上現代科學概念的，我們都首選科學的描述；凡是現代科學已經給出明確答案的，我們都以科學的結論爲準。

道理很清楚，執行易混淆。尤其是上面還包含另一層意思：凡是現代科學已經給出否定答案的，我們也以現代科學的否定爲準；比如「意識中心在丹田」，「意識隔空傳遞」，這些被醫學證明不存在的玄而又玄的東西，是不是就沒必要爭論了？除非哪天科學又有新發現，那是到時候再說的事，現在僅以現在的科學爲準。

依我看來，在這點上做的最好的，就是所謂實用主義的美國。當然這個國家有一個額外的優勢或額外的劣勢，就是完全沒有自己的古代，結果反而對所有文化都抱持開放的態度。正教、邪教、科學、神秘在美國都有自己的市場，不過市場大小而已，當然前提是不要觸犯法律。在這種充分競爭、責任自負的透明文化中，民眾的原則只有一個：對自己「眞實有益」。久而久之，大家的心理反而成熟了：理性仍然是社會主流，但非理性的可能也被包容。

「古以今準」的反面，是「今以古準」。試問，現代人以兩千多年前的文字爲聖旨，是否有些可笑？但有些老夫子們堅持這麼做，比如常聽人如此佔領理論的制高點：「我要找最早佛陀是怎麼說的！」或「你的說法經典裡有嗎？」好像那裡是最終依據似的。如果引經據典僅僅爲了參考，倒沒問題；但如果找到兩千年前的文字是爲了讓兩千年後的我們照單全收，並作爲駁斥科學的依據，就好像本末倒置了吧。

因此我們不要走極端：在對古代文化的態度上，一個極端是對復古的狂熱，另外一個極端是忽視前人的智慧。類似地，在對科學的態度上，一個極端是覺得現代科學是萬能的，另一個極端是重回玄而又玄的老路。尤其爲了避免「玄」的極端，我們先明確「古以今準」這一簡單原則。

於是下面就好決定了：按照科學家的思路，尋找念頭從大腦入手。

奇哉大腦

大腦在人體中的不尋常，從幾個方面可以看出。

首先引人注目的是，占我們體重百分之三不到的大腦，不成比例地佔用了供血量的近百分之二十，與之形成反差的是，大腦不承擔消化或輸送任務，又拒絕參與任何體力工作，也就是說，大腦不屬於身體供應鏈中從投入到產出的任何環節。於是我們好奇：自己的祖先怎麼進化出這樣一個「費力不勞作」的器官？

在不勞作的同時，大腦還享受著人體特別周密的保護。看看我們的中樞神經系統，與外界幾乎完全遮罩：頭顱覆蓋著大腦、脊柱覆蓋著脊髓，這些「護甲」都佔用了體內大量的鈣。物理隔離外，還有化學隔離——大腦通過一種血屏障機制，阻止大分子物質的進入。

今天，血屏障的概念已經成爲醫學常識，從教科書中即可找到，但在二十世紀初時，此現象讓醫生們困惑不已：當科學家給一些可憐的動物注射一種叫苯丙胺藥物後，發現苯丙胺遍佈全身，唯獨腦組織沒有藥物的痕跡；在另一實驗中，當科學家給一些更可憐的動物注射了一種藍色的塗料以後，發現身體變成了「藍精靈」，唯獨腦和脊髓不變色。醫學界由此得知，大腦自動將大部分危險物質阻擋在外，這讓我們很難毒死自己，不管是有意還是故意的，也讓開發腦用藥的專家頭疼不已，因爲大腦一旦得病，少有藥物可以進入。

這是一個有些專業但很有趣的話題，先給各位點化學知識：人體大部分由水組成，根據相似相溶的原理，不溶於水的外界物質會被皮膚、嗅覺、味覺、視覺等排斥，只有溶於水的化學品才可能進入體內，才稱得上有害或有益。血屏障的神奇之處在於，能識別水溶性的小分子和不溶性的大分子，只允許一般安全的前者進入大腦，而遮罩一般危險的後者。

你會問（我好奇你爲什麼會這麼問）：有沒有小分子且溶於水的危險物質呢？答案是少而又少。確實存在像氰化鉀這種小分子的快速毒藥，和像鉈中毒這種小分子的慢性毒藥，不過均已在各國警政單位掛號、很容易檢測出來、很容易偵破。相信這裡的分析，已經引起有關部門的警覺、打擊犯罪分子的信心，或許會在下一季「CSI犯罪現場」的劇情中出現。

我們還沒回答問題的關鍵：血屏障機制，是如何識別大分子和小分子的呢？科學研究揭示，秘密在於大腦的微觀結構。相較於身體毛細血管上有很多像「大門」一樣讓血液進出的孔，大腦毛細血管上的孔不僅少，而且都是「小門」。此外大腦毛細血管與內皮細胞連接緊密，僅留了「門縫」。最後內皮細胞被外面一層連續不斷的膜包裹，而這層膜外面又被另一層膠質細胞包裹，這就讓大分子「無門可入」了。難怪科學家達爾文、牛頓、愛因斯坦都相信上帝，連我都開始相信了，除了他，還有誰能設計出如此複雜的結構?!

分離的意識

如此與眾不同的大腦，肩負著什麼與眾不同的使命呢？

意識。

大腦結構是按區域劃分的，不同區域對應不同分工。最外面的是大腦皮層。要說人類腦與動物腦的差別，最明顯的就在大腦皮層了。我們通常說的「大腦」一詞，在醫學上實際指的是大腦皮層，只不過由於它所占腦組織的比例太大，以至於在生活中被當成了腦的統稱。大腦皮層的總體功能是分析、判斷、比對、記憶。

大腦皮層的下方，有一個C形結構的邊緣系統。裡面包括與情緒有關的杏仁核等一系列協調器官。

邊緣系統再往下、往裡，是負責生存基本功能的間腦、腦幹和小腦。間腦負責「戰或逃」的判斷；腦幹可以被看作脊柱在大腦中的延伸；小腦負責身體的平衡。

如果你問大腦為何按區域分工，答案在於進化的次序。

曾經有本科普著作叫作《我們的身體裡有一條魚》[2]，一直追溯腦的進化到最早的祖先——魚類。魚類從無脊椎動物進化出了一根管子，對身體的神經系統進行整合，是為「魚類腦」。這根管子和它的頂端最終演變為我們的脊椎和腦幹，至今仍負責神經系統的信號收集。

當進化到爬行類動物時，「魚類腦」就在頂端發展出了腦幹、小腦、間腦和一部分邊緣系統的組合體，是爲「爬蟲腦」，至今仍負責支持我們龐大身體的生存需求，如呼吸、睡眠、心跳、平衡以及遇險時的應變能力。魚類腦和爬蟲腦構成了大腦中無意識的底層。

再進化到哺乳動物時，「爬蟲腦」的外端長出強大的邊緣系統和部分大腦皮層，是爲「貓狗腦」。其中，邊緣系統負責情緒，所以我們看到貓狗也會發怒；大腦皮層負責思維，所以我們看到獅子老虎會捕捉、羚羊斑馬會躲藏。

最後進化到我們的祖先，「人類腦」不僅保留了上述全部，而且把大腦皮層變得非常之厚，以至於記憶、推理、想像都有極大幅度的提高——當我們憂慮、後悔、自責、嫉妒的時候，大腦皮層的某一部分就會高度激化。我們似乎看到煩惱的影子了。

從大腦的區域結構，我們得出第一點啓發：**意識是分離的**。

首先——念頭在哪裡？

應該講，它以大腦皮層爲核心區域，但不存在某個固定位置。這是因爲大腦皮層非整體一塊，相反包括至少四個區域：額葉與性格和語言有關，頂葉與觸覺和注意力有關，枕葉與視覺有關，顳葉與聽覺有關。也就是說，我們的各種念頭——貪、嗔、癡、愛、取、有——分散於大腦皮層的表面。

接下來——情緒在哪裡？

它沒有明確的核心區域。這是因爲不同的器官——額葉、邊緣系統、下視丘——都參與了情緒過程，並且在不同情緒中，每個器官的參與度不同，如紐約大學的約瑟夫．李竇教授所述：「大腦中沒有專責的情緒機構，也沒有哪個系統來處理這種捉摸不定的功能。要瞭解我們稱之爲情緒的各種現象，就必須專注在一個特殊的情緒種類上。」[3]

再次——感覺在哪裡？

感覺是來自我們眼、耳、鼻、舌、身中的神經信號，分散在我們的身體各處。有趣的是，身體中唯一沒有感覺神經的地方就是大腦，因此還記得電影《沉默的羔羊》中的那個晚餐吧，大腦手術雖然聽起來很殘忍，其實一點不疼。

上述看似全部，但並非全部。除了念頭、情緒、感覺外，還有最容易被忽視的一種意識。

讓我們感覺下握緊拳頭，感覺信號開始於手，形成於大腦皮層，中間發生了什麼？換句話說，身體傳來的感覺信號首先被輸送到大腦，經過大腦的中間過程，才形成視覺、聽覺、嗅覺、味覺、觸覺等認知，這個過程叫什麼？**大腦中發生了兩件事：覺察和知道，加起來叫作覺知**。

英國神經心理學講師瑞塔．卡特形容大腦爲「一種製造很多產品的工廠，原料是各種資訊：光波投射到視網膜上，聲音衝擊耳膜，氣味飄散在鼻腔中，大腦的這些感覺區創造出我們對外界的印象。但是基本感覺並非大腦的最後成品，最終構建一種有意義的認知。」[4]那是一種怎樣的認知呢？

覺知並非感覺，因爲感覺是基礎信號，只有當這些信號被頭腦確認後才形成認知。覺知亦非念頭和情緒，因爲大腦僅僅確認感覺信號，卻未進行任何思維的加工。體會一下，當剛才握緊拳頭時，大腦中的哪位在覺察、在知道手的感覺？不是念頭、不是情緒、不是感覺，而是覺知。

看似顯而易見的第一點啓發，實際上解決了心理學上的一大困擾：當我們把意識分爲感覺、情緒、念頭時，是人爲想像？抑或客觀如此？

大腦的區域結構說明了後一種可能：感覺是感覺，情緒是情緒，念頭是念頭，記憶是記憶，從物理基礎開始，它們就相互獨立。這讓我們看到一線希望：既然負面念頭、負面情緒、負面感覺相互獨立，那能不能被從煩惱中逐一剔除呢？

生滅的意識

瞭解了大腦的區域結構，再看看大腦的微觀結構。

那裡的基本單位叫作神經元：有點像一頭大一頭小的爬蟲，爬蟲的兩頭伸出很多尾巴，叫作神經末梢，只要這些爬蟲的末梢頭尾相連，就產生大腦中的信號。

猜猜大腦中總共有多少神經元？大約一千億個之多！如果它們首尾相連，將好似一千億根小電線。覺得這個數字很大嗎？如果是的話，那你只會更吃驚，因爲實際情況還要再乘上五千。這是由於每個神經元並非首尾各連接一個神經元，而是平均會連接其他五千個神經元。如此複雜的資訊網路，從一個側面說明大腦的潛能可能確實是無限的。

幸好有化學家們的參與，現在神經元之間的連接和斷開的機制也搞清楚了——不像電源開關，而像化學開關：以谷氨酸爲開啓信號，以γ—氨基丁酸爲關閉信號。除這兩種傳遞劑外，大腦中還有血清素、乙醯膽鹼、五羥色胺、多巴胺、腎上腺素、皮質醇、催產素、縮氨酸等多種情緒調節劑，其中，血清素與憂鬱症有關，多巴胺與快樂有關，腎上腺素與緊張焦慮有關，皮質醇與恐懼有關——對我的化學家朋友們來說，情緒並不神秘——在燒杯裡攪和攪和，喝下去就行！

把神經元放到一起，各位會被所見的景象嚇一大跳！在大腦的黑暗內部，默默運行著龐大無比、縱橫交錯的神經網路。用閃電來形容信號的話，大腦的夜空中每秒鐘劃過億萬次的電光鬼影，有點像電影《駭客任務》中的恐怖幻象。

從大腦的微觀結構，我們得出第二點啓發：意識生滅不已。

按一千億個神經元計算，每個神經元平均每秒啓動五次以上，每次都代表一個信號，在你閱讀這段文章的一秒鐘內，至少超過五千億個意識信號在腦中飄過，儘管它們未必都能最終轉化爲感受、念頭、情緒，但即使其中一部分也非常可觀了。之所以我們沒有感覺到這麼多的念頭和情緒，就好像太多的噪音混雜形成了嗡鳴，當我們身處嗡鳴之中的時候，反而聽不到聲音。類似地，在無數念頭和情緒的背景中，只有一小部分能被我們意識，而絕大部分，都淹沒在噪音的汪洋大海之中了。

哪些被意識，哪些被淹沒呢？答案是，最活躍的神經元連接才會形成記憶。神經元連結會不斷重組，常用的被強化，不常用的被斷開。這解釋了感受、念頭、情緒、覺知，像野火一般，此刻發生、下一刻消失。這也提醒我們：**煩惱不也一樣嗎？它去了又來、來了又去**。

念頭不是你

把上述兩點結論加起來，我們還能得出第三點啓發：我的念頭不是我，你的念頭不是你。

你看，既然意識相互分離，那念頭就不能代表自我。當我們講「大腦怎麼想」、「我怎麼想」的時候，總是直覺地以爲大腦有一個中心，某個角落駐紮著一個自我。可當科學家們把大腦結構大卸八塊後才發現：奇怪，裡面既沒有哪個器官可稱爲中心，也沒有哪個器官來代表自我。你看，既然念頭是不斷生滅的，那它甚至不代表它自己。

一個絕對局部、絕對不定主語，如何對應一個相對完整、相對確定的賓語呢？顯然「念頭是我」不合理，「念頭不是我」才合理。

這與現代心理學中的模式（module）理論不謀而合。心理學家肯里克與格里斯科維西斯發現，在不同環境的刺激下，大腦中至少運行著七種模式，相當於有七個「次級自我」，但沒有一個代表持續的自我。[5]更不用提模式中的念頭了——它們自然更代表不了「我」。

奇哉大腦！它讓我們既自豪，又困惑。自豪無需多言，可困惑在於：人類的煩惱，眞能用物理結構和化學反應來解釋嗎？我們的精神世界顯然不止於此！科學家們搞清楚了有形的細節、留下了無形的整體。

不過瑕不掩瑜，科學給了我們太寶貴的資訊：第一，意識是分離的，第二，意識是生滅的，第三，念頭不是我。

假設我再次告訴各位，上述已經在兩千六百年前被佛陀說過，你會不會又一次驚愕、詫異？（還眞不是吹捧佛陀）我們有文爲證。

先看第一點，佛陀認爲，生命由五蘊組成：色、受、想、行、識。其中第一項是感覺器官和外界的接觸，投射到我們心中對應感覺。再加上其餘四項，彙聚到我們心中共對應出五種心理要素：感覺、情緒、思維、意志、意識。顯然，「意識是可以分解的」。

再看第二點，佛陀的原文是「一切行無常」。「無常」即沒有常態。對於不斷變化中的物質世界，東西方思想家都有過類似的觀點，如希臘哲學家赫拉克利特也曾說：「人不能兩次踏進同一條河流。」但另一方面，對於不斷變化中的人類精神世界，卻主要是東方的佛學在討論。佛陀認為，感覺是無常的、念頭是無常的、情緒是無常的、記憶是無常的，連自我意識都無常，當然包括「念頭是生滅的」。

至於第三點，佛陀不止留下了理論——「一切法無我」，而且留下了方法——對意識進行深度體悟。如果各位還心存懷疑，讓我們簡單實證下吧。

請閉上眼睛，靜坐五分鐘，什麼姿勢都可以，唯一的要求是禁止思考。如果非要關注什麼的話，就關注自己的呼吸吧。過程中出現念頭的話，就把關注點從念頭拉回到呼吸上來。沒有過靜坐經驗的人，會覺得這是很漫長的五分鐘。

當五分鐘結束的時候，請數一下剛才遇到幾個念頭。估計不會一個沒有，除非睡著了的緣故；但也不會很多，比如兩三個？這還沒算「看看五分鐘到了沒有」的念頭。現在大致劃分一下，中間多少時間是有念頭的，多少時間是沒念頭的，如果上面過程各位很警覺的話，我估計大約一半時間沒有念頭……好，不管結果是百分之九十、百分之六十、百分之三十都沒關係，請問剛才沒有念頭的時段，誰在那裡呢？顯然是「你」。那時你清醒，你存在，念頭卻不在！

法國哲學家笛卡爾說：「意志力、悟性、想像力及感覺上的一切作用，全部由思維而來。」顯然與上述實驗不符，因爲剛才沒有思維的時候，至少感覺仍然存在，覺知也未必不在。這也讓笛卡爾的另一句話「我思故我在」顯得可疑：剛才「不思」時，自己並未消失，不還「在」那裡嗎？從念頭不斷生滅，而自我始終存在的事實，各位可以得出結論：念頭是念頭，你是你。

上述實驗也證明了，不僅念頭，情緒和感受同樣不是你。回想一下剛才靜坐的五分鐘裡，首先消失的是情緒，而「你」清醒地存在著，這說明情緒和「你」無需同時存在；如果繼續靜坐，身體的感受也會消失；如果時間再長，甚至會忘記自己的呼吸。有人以爲這是飄飄欲仙的境界，不，任何人只要靜坐著不思考，時間長到一定程度，都會有上述體驗。

總結一下：**意識是可以被分解的，念頭是不斷生滅的，念頭不是你**。跨越兩千多年，佛學得出了與現代科學相同的結論。

意義何在呢？關鍵在於「念頭不是你」，這對我們的主題意義重大。

第一，它解釋了煩惱的機制：各位都聽過這樣一句話吧，「道理說起來容易，做起來難。」

究竟爲什麼會這樣？爲什麼我的念頭，不聽我的指揮呢？

很簡單——**念頭不是你，它自然完全不聽你指揮**。當我們睡覺的時候，它自由做夢；當我們清醒的時候，它以主人的名義發號施令；當它強大到一定程度，即使我們清醒，它也按照自動模式駕馭生活。

不僅負面念頭不是你，連正面的念頭也不是你；憂慮擔心不是你，期望想像也不是你。同樣的道理，情緒和感受也不是你；憤怒悲傷不是你，激動狂喜也不是你。總之，所有的念頭、情緒、感受，都不是你。

第二，它指出了解決煩惱的可能。

試想，如果胡思亂想的念頭是我們的一部分，那自己怎麼擺脫自己呢？這就好像與自己分離叫自殺，而與別人分離叫離婚一樣。雖說離婚仍然困難，但畢竟是件可以辦得到的事，這當然是天大的好消息。

現在既然「念頭不是自己」，下面擺脫煩惱就有依據了。要知道，對於任何不屬於自己、給自己帶來麻煩的東西，不管是前男友還是前女友，我們最擅長的方法就是——一甩了之！

診治方案

當然凡事都有例外。要甩掉一個看得見摸得著的東西容易，而要甩掉若隱若現的念頭並不容易。讓我們先看看有幾種可能。

通俗地講，就是「清」、「堵」、「斷」三種選擇。

「清」即定點清除。比如治療癌症，首先「堵」是堵不住，因爲血液都是相連的；其次「斷」也斷不了，因爲內臟血液是一個迴圈的整體；那最常用的治療就是「清」了——清除癌細胞。

「堵」即從外部隔離。記得預防SARS的時候，首先試圖「清」——治好最早的感染者。當發現病毒在擴散，就開始「堵」了——北京一天就隔離了一千多人，包括了一位不巧來訪的外國總統，直到演變爲全民皆「堵」，帶口罩、少出門，堵住病毒的傳播途徑。

「斷」即切斷內部通路。比如野外露營的時候，被毒蛇咬了手怎麼辦？就像在國家地理頻道中看到的情景，首選用嘴把毒液從傷口吸出來。假設沒有奏效，那就要把胳膊上半部紮起來，防止毒液擴散到內臟。再不行，就只有「斷」了——不用我說清楚怎麼斷臂了吧。

借鑒上述的思路，該用哪種思路來對治念頭呢？首先排除「堵」，因爲念頭跑來跑去；其次排除「清」，因爲念頭沒有固定位置；最後只剩「斷」了，所幸這個方法可行。

如何「斷念」？

醫學辦不到，佛學卻宣稱可以辦到。在《阿含經》中，佛陀提示：「有六觸入處。云何爲六？眼觸入處，耳、鼻、舌、身、意入處……如實知見者，不起諸漏，心不染著，心得解脫」[6]。翻譯爲白話就是：如實地觀察眼、耳、鼻、舌、身、大腦這六個位置，就不再煩惱，心得解脫。

嗯，我們好像聽出什麼秘訣，又好像沒聽出什麼秘訣——這就是讀經典的感覺。

佛陀的方法太平實了，平實到太難被當做秘訣的地步。當本書快要收尾的時候，我手機裡收到一條心靈雞湯的簡訊，是這樣寫的：

不要過分在乎身邊的人，也不要刻意在意他人的事。
在這個世界上總會有人讓你悲傷，讓你嫉妒，讓你咬牙切齒。
並不是因爲他們有多壞，而是因爲你很在意。
所以要心安，首先就要不在乎。
你對事不在乎，它就傷害不到你。
你對人不在乎，它就不會令人生氣。
在乎了你就輸了。什麼都不在乎的人，才是眞正無敵的人。

多優美的文筆！只是方法欠缺。

類似的心靈雞湯我讀過不少，它們都只講清楚了一半：不在乎別人。問題是怎麼實現？如果嘴上不在乎，心裡總在乎怎麼辦？

佛陀補充了另一半：不在乎別人，從在乎自己開始。

在乎自己的位置就是「六觸入處」。

佛陀讓我們從身體器官的六個位置入手——眼、耳、鼻、舌、身、大腦——因爲那裡是煩惱發生的源頭。首先，上述身體器官與外部環境——顏色、聲音、氣味、味道、物體、念頭——接觸形成短期意識，視覺、聽覺、嗅覺、味覺、觸覺、意識；接著，引發感受（受）、判斷（想）、反應（行）、及後期意識（識）；最後，胡思亂想產生了煩惱。

舉個例子吧，假設你走路時不小心被凳子碰到了、碰疼了，意識是從哪裡開始的呢？首先是接觸——代表身體的腿和代表外界的桌子發生了接觸，產生了觸覺，這樣腿和桌子構成了「五蘊」中的第一項物質；接著觸覺引發了一系列連鎖反應，「糟糕」的感受，「怎麼比上次還痛」的想法，「我要儘快躲開」的念頭，以及痛的意識。

佛陀的邏輯是這樣的：只有守護好六個門戶——物質進入精神的門戶、外界進入內部的門戶——才能阻止念頭的升起。

而「在乎自己」的方法，即如實觀照。至於怎樣如實觀照，留待下章再講。

似乎各位還難以置信：「如實觀察體內的六個位置，就能解決不平靜的問題嗎？」沒錯，這正是本書要落實的方法。

在我看來，如果這個跨越了兩千多年時空的方法，眞的解決了現代人的煩惱問題，並非不可思議。對各位來講，保持開放的心態至少不會有什麼損失：考慮到現代醫學對「斷煩惱」束手無策，那全當沒辦法的辦法試試吧，或許它能爲現代人的心靈打開另外一扇窗呢？

總結本章的內容：念頭是念頭，你是你。

至此，我們找到了煩惱的根源「念頭」，發現「念頭不是你」，也有了「斷念」的思路——一切準備就緒，我們要邁出自我平靜的第一步了。

可同時，我們也惹出了一個麻煩：如果「念頭不是你」，那是誰在想這個問題，誰在看這本書呢？

3 第一步：覺知

各位可曾好奇，**為什麼佛陀自稱為一名「覺者」**？

當佛陀開悟以後，曾有人問他，也可能是試探他：「你是一位神嗎？」

佛陀回答：「不是」。

那人又進一步試探他：「你是一個人吧。」

佛陀說：「不，我是一名覺者。」

「佛」的稱謂由此而來：在梵文中，佛就是覺的意思，佛陀就是覺者的意思。

以常人的觀點，佛陀可用的選擇其實很多，比如他本來可以稱自己為一個「智者」、「開悟者」、「修行者」、「法師」、「大師」，或者為什麼不按照後人的意思，乾脆叫「神仙」多直接呢？在眾多的文字中，佛陀偏偏選擇了「覺」字。

從覺到知

我們要先從它的發現者——悉達多講起。

悉達多就是成名之前的佛陀，本來是古印度北部迦毗羅衛國（今尼泊爾境內）的王子。與世人的印象相反，佛陀生前一直反對神通，就連「釋迦摩尼佛」都是後人追贈的名號之一。這樣我們就好理解，當被問到「是人還是神」的時候，佛陀沒有回答說「我是神」。

作爲一個和大家一樣生、老、病、死的人，年輕的悉達多發現即使出身高貴如己，也無法避免憂、悲、惱、苦的迴圈，因此在二十九歲時出家[1]，尋求破解人生煩惱的眞諦。以他的情商和智商，居然苦苦修行了六年，最終在三十五歲時，在菩提樹下連坐了六天六夜後，悟出了人生的智慧。什麼智慧呢？佛陀說：「一切眾生皆有覺性。」因此不管從時間上，還是從影響力上來講，悉達多都可以說是發現「覺性」的第一人。

覺悟後的悉達多仍然不認爲自己是一個神，但也不再認爲自己是一個迷茫之中的普通人，因此他給自己取了一個新的名字——「覺者」。佛陀立志要幫助世人也從迷茫中覺醒過來，這當然包括你和我——不是讓你我出家，相反「覺」與宗教無關——佛陀是要我們成爲生活中的「覺者」。

「覺」這個詞，從字面上看並不複雜。我們日常中文裡使用很多知覺、覺察、感覺、覺知、覺醒、覺悟、覺性，其實本質上相通。**如果要找一個折中，就先把「覺」理解爲覺知好了。**

什麼是覺知？

拆開來看，這裡有兩層含義，一覺察，二知道，印度三大神之一的濕婆說：「每樣東西都可以通過知道來覺察。」這是我聽到過關於覺知的最好定義了。

覺知可小可大，可平凡可神奇。

從小而平凡來講，覺知很接近感覺，但又稍有不同：前者是動作的主體，後者是動作的客體。覺知在覺察、知道，而感覺被覺察、被知道。因此，覺知好像「大腦在感覺」，這夠小夠平凡吧。

從大而神奇來講，我們常說人類是萬物之靈，而覺知就是這個「靈」。濕婆說：「人的存在，就是覺知知道者和被知道者。」又說：「經由覺知，你在宇宙發光。」這既說明「覺」的概念在印度學說中一脈相傳，也說明如果失去覺知，我們就失去這個「靈」。這夠大夠神奇吧。

既然這麼「靈」，我們就一定要把它搞清楚。不過在揭示覺知的秘密前，先回答下上一章留下來的問題：如果念頭不是我，那誰是我？

我覺故我在

一八九七年，在太平洋中的小島大溪地，法國畫家高更用原始的色彩、原始的筆調創作了一幅名畫，該畫長長的名字表達了更原始的主題：「我們從哪裡來，我們是誰？我們到哪裡去？」

高更不僅畫出了人類祖先吃飽喝足的靈性追問，也畫出了文明社會步入現代所面臨的困惑——當人類上能探索火星、下能探測海底，大能毀滅地球、小能劈開中子之際，卻迷失於自我，是否是上天的幽默之問？

遺憾的是，我們上一章把大腦翻了個遍之後，還眞沒找出一個可以被稱爲「我」的地方。但問題並未就此結束，因爲我們的自我意識，不管什麼名稱——「自我感覺」也好，「絕對精神」也好，「本心本性」也好——都強烈暗示著一點：這個「我」是存在的。

並且大腦的高效，也暗示著「我」的存在。目前，科學已經澄清了兩種極端的誤解：或者以爲腦組織存在中心，或者以爲腦組織各行其是。實際情況是，大腦結構分散卻效率驚人，結構分散前面已經講過，那效率如何驚人呢？

大腦可以多頭並舉地處理各種意識任務。它並未按照本書的分類說：「這是念頭的信號，等會兒再處理；那是情緒的信號，現在就處理。」不，它同時處理感覺、思維、情緒、覺知——在其內部，不像集中而來的霹靂，更像電光閃爍的雲層，每時每刻無數閃電在同時發生。

由此看來，我們常聽說的類比——「大腦就像電腦」——並不恰當：電腦的邏輯是按照連續處理的物理模式，而大腦的邏輯是多頭並舉的化學模式。因此，電腦可以超越人類左腦的邏輯思維、語言、分析、計算能力，但在需要多頭並舉的藝術、空間感、情緒方面，卻差人類右腦很遠。這就是爲什麼「化學界的比爾．蓋茨」及「電腦界的門捷列夫」總在呼籲開發生物電腦的緣故。

更高效的是，在多頭並舉之中，大腦還能重點分明。它默默地把任務按照輕重緩急排序——多數被忽略、少數被儲存，只有某一任務被關注，即注意力所在。

更大的不同在於兩者對生命、理性、道德等價值觀的理解。紐約大學教授湯瑪斯．內加爾及伯克利大學教授約翰．賽爾都從不同角度論述過：有關高級意識的問題，電腦無法、並且可能永遠無法回答，而大腦卻可以、並輕而易舉地實現！

我們猜測：如此高效而神秘的機制背後，總該有一位統一的指揮吧。

我們猜測：如此高效運行，總要有一位統一的指揮吧。

這個臨時的指揮，當屬各位的覺知了。想想看：由於覺知，我們才存在；由於覺知，我們才存在得很好。幸好所有的感覺、念頭、情緒，都被匯總到了覺知中心，當矛盾信號發生的時候，大腦才避免幾個傢伙各行其是。事實也證明如此，我們每天自如地完成像打球、唱歌、開車、吵架之類協調性要求很高的動作，從沒因多種意識並存而精神錯亂，顯然：身體裡有一個協調各種信號的「核心中的核心」。

大多數人會同意覺知在統一指揮，但會質疑：它一定等於「我」嗎？

說實話，這是個爭論不清的問題，因為要追溯到那個終極問題：「什麼是人的本質？」答案就見仁見智了，有人認爲自我永恆存在，有的人認爲自我只有今生存在，還有人認爲即使今生自我也不在。我只能說，覺知是與自我存在最緊密相關的一種意識：只要一個人活著，覺知就存在；假設一個人死了，覺知就停止了，還有比這更緊密的嗎？

有朋友會提醒作者：佛陀反對永恆不變的自我。沒錯，但這不表示佛陀否認「我」作爲人稱代詞——佛陀說：「人人皆有覺性」，我想覺性就從最基本的覺知開始吧，**儘管它並非永恆不變**。

在人類歷史上的關於「什麼是我」的討論中，笛卡爾留下過著名的「我思故我在」，這已經被我們的冥想實驗證明是錯誤的，根據佛陀的實驗方法，應該修改爲「我覺故我在」才對。

除「我思故我在」，西方哲學中還有些相似卻不同的說法：經驗主義學派的英國學者伯克利有句名言說：「存在就是被感知。」等於在說「我覺故世界在」；非理性主義學派的德國學者叔本華有句名言說：「世界是我的表像。」等於在說「我在故世界在」！兩種說法都暗示著「如果我不在，那世界也不在」。顯然，西方的想法比東方極端，**「我覺故我在」**只是說——**外部世界與我無關，但仍然存在**。

有人質疑：動物不也有覺知嗎？沒錯，但請注意一個根本差別。動物能覺知自己的感覺，比如猩猩可以識別果香，海豚可以認出同伴，但到目前，還沒有發現任何動物能覺知自己的念頭！最好的例子就是一部叫《猩球崛起》的電影。電影描述猩猩可能奪取地球控制權的故事：一位叫凱薩的猩猩吃了一種刺激智力的藥後，接近了人類的智力，並解放了更多的猩猩。電影是怎麼告訴我們猩猩智力飛躍的呢？其中長毛猩猩說的一個最重要的詞是「我覺得」……

但電影不能當證據啊，有科學上的證據嗎？有！就是動物們自己的聲音。天眞的猩猩和海豚沒有想到，它們與同類的親密對話經常處於一群怪人的監聽之中。從監聽信號中，科學家們只發現過「香蕉，魚群」之類有關實物（或食物）的資訊，至今還沒出現類似「我在想某個念頭」的資訊。如果哪天眞出現了，「猩球崛起」就會眞實上演了。

可見，覺知雖然只是意識的一種，卻是其中最重要的一種。牛津大學臨床心理學教授馬克・威廉姆斯把覺知形容爲「意識的制高點」，我很喜歡制高點的比喻：它像意識的燈塔，不斷覺察著並知道著我們的一切。威廉姆斯教授說：「站在這裡，當思想和情感出現時，你可以把它們盡收眼底。它可以使我們在思想和情感出現時，馬上被激發而做出反應。」且慢，念頭和情緒，不正是我們的煩惱嗎？既然有這麼一個制高點在覺察、在知道，那麼或許，它也能控制我們的煩惱吧……

覺知念頭

本書以覺知作爲自我平靜的第一步，原因很簡單：唯有覺知，才能控制念頭。

記得嗎，佛陀讓我們「如實觀照六觸入處」，各位現在已經知道，「如實觀照」的方法在於覺知。

而「如實觀照」的位置分兩部分：前五處——眼、耳、鼻、舌、身——統稱身體。更嚴謹地定義，就是體內感覺神經所及之處。第六處——大腦——對應念頭。神奇的是，大腦內部沒有感覺神經，恰好不屬於身體的範疇。

看來**佛陀要我們怎麼做很清楚：一要覺知念頭。二要覺知身體**。

可佛陀爲什麼要我們這麼做，倒要講講才能清楚。

首先覺知念頭。

前提是：別把煩惱當眞。我們常常認爲自己的煩惱是獨特的、永遠的、過不去的，有些朋友會堅持認爲「我的煩惱只有我知道」，聽起來像情人那般難分難捨。其實這句話本身就是另一種煩惱，如之前的提醒：想想誰告訴你的？是念頭。

我們有時覺得自己的煩惱與眾不同，其實只是在一個很小的範圍內比較而言，如果哪位站在這個星球的遠處，就會看到同一時刻有上千萬人在擔心，有上千萬人在痛苦，有同樣多的人在對自己發火，又有更多的人在對別人發火！誰的煩惱有獨特可言？不知道上帝是不是就這麼好奇地看著我們，上帝一定覺得我們很可笑，動不動就後悔、嫉妒、猜疑、焦慮、抑鬱。各位看見過小孩生氣時候的樣子吧，尤其兩三歲以前的小孩最可愛，如果你逗她（他）把奶瓶拿走，她（他）就會當眞；如果你逗她（他）把媽媽抱走，她（他）也會當眞。在上帝的眼裡，我們至今也沒有長大，仍把煩惱當眞。

前提雖然簡單，可只有當我們有覺知的時候，才能想起這個前提：「噢，那只是個念頭罷了。」

前提之後的行動是：與念頭拉開距離。

覺知和念頭，本應是一個爲主，一個爲輔的關係。主次有別，當然應該拉開距離！問題是，在生活中常常被本末倒置——不是被別人，而是被我們自己。

作者聽到過的一個很好的類比[2]是，生活像一所房子，念頭像這所房子的管家。管家長期以來勤勤懇懇地替主人打點房子，久而久之，以至於替代了主人的位置。這個房子眞正的主人呢？我們的自己，或者說自己的覺知，始終難覓蹤影，可能連同房子一起被接管了。

要知道，念頭被選爲本書的主角是當之無愧的。它不是一般的管家，而是很聰明的管家——它自行其是，又讓我們毫無察覺；它不是我們，卻控制著我們的生活。想一想，我們能控制誰的生活嗎？恐怕不能。既無法控制小貓小狗的行爲，也無法控制子女的生活，甚至無法控制自己的未來，而念頭卻能輕易做到。

它是如何做到的呢？

首先，念頭操縱著認知——它自動地對眼、耳、鼻、舌、身所感覺到的信號加進自己的解釋，我們以爲解釋過的認知是眞實世界，實際上常常與事實不符。醫學家桑德拉・阿莫特形象地描述爲「大腦愛撒謊」並且「肆意想像」。[3]至於大腦爲什麼允許念頭這麼做，因爲這是我們祖先自遠古遺傳下來的一種自我保護機制，爲的是增強人類對未知風險的預測。

其次，念頭還經常鼓動情緒一起造反——簡單地說，當念頭希望快速抓住我們注意力的時候，就會把情緒調動起來。當它覺得小情緒還不夠讓我們警覺的時候，就會動用新的念頭產生排山倒海般的情緒。目的是讓我們停止其他一切意識，以便專注於當下的問題。想一想憤怒的例子吧，怒火中燒的時候，我們還有思考能力嗎？還有感覺能力嗎？都沒有。只剩下憤怒的念頭。

我們應該爲念頭這位聰明的管家拍手鼓掌！他像諸葛亮，但把我們變成了阿斗；它像日本幕府和英國的首相，以至高無上的天皇或女皇的名義，把他（她）們關進了皇宮和城堡。這就是多少MBA學員在課堂上還沒學到的「上級管理術」：要自己掌權，但把風光留給上級；要自己說了算，但讓領導覺得是他們的意見。相比之下，那些自稱「爲人民服務」又風光無限的政治家們，就深得其中的精髓了。

「覺知念頭」的一大好處，是讓我們看到念頭的本質——念頭不是我，也讓我們看到了煩惱的本質——幻象。

審核念頭

覺知之後，還要審核念頭。

蘇格拉底說：「沒有經過反思的人生毫無意義。」

亞里斯多德說：「只有智者才能在審核思維後才接受它。」

兩位先哲沒有接著講下去，因為「念頭」不是希臘哲學關注的重點，那我們接過這個話題接著講吧。

能不能靠「念頭」自己審核自己呢？

答案是否定的。失眠過的人都知道，念頭無法自制、難以停止，如此才造成了失眠的痛苦。念頭好像無法自癒的病人，我們只能為它請個醫生。

那能不能請一個念頭審核另一個念頭呢？

答案也是否定的。失眠仍然是很好的例子，假設我們用一個念頭對另一個念頭下命令：「停止失眠」，恐怕不會奏效。更簡單的例子，就在此時此刻，我們用念頭對大腦下命令：「請放棄思考！」即使奏效幾分鐘，也會很快失效。我們要為念頭請的醫生，還不能是另一個念頭。

結論是，**思維無法管理思維**。

這可能讓人有點失望，也有點吃驚。因爲按照常規思路，爲什麼不用一個好的念頭轉化壞的念頭？就像在組織管理中，我們常常用「好人」去領導「壞人」，希望把「壞人」轉變爲「好人」。問題在於，好念頭和壞念頭不像兩個人，更像一個人。這位一體多面的戲霸，時而客串幾個角色——正面、反面、中性，時而更換幾種面具——紅臉、白臉、黑臉，我們能讓一個角色去領導另一角色、用一種面具去領導另一面具嗎？不能，它們屬於平級關係，誰也管不了誰。

比平行關係更糟糕的是互助關係。念頭不論好壞，都有自我加強的傾向，加強同一種胡思亂想的能力。好念頭也罷，壞念頭也罷，都源自同一棵念頭的大樹，都是這棵大樹上結出的顏色不同的果子。正因爲如此，一個思維很正面的人，一旦負面起來，思維也變得負面得可怕。止面強度和負面強度往往成正比。

結論是：**正面思維也不能領導負面思維**。

現在恐怕各位不僅吃驚，而且開始懷疑是否我寫錯了。這個說法令人難以接受之處在於，不僅教科書上沒這麼講，而且充滿正面思維的教科書，好像本身存在的意義也受到了威脅？

其實問題並沒那麼嚴重。再解釋一下就清楚了，還是用一個主角帶幾個面具的例子吧。我們當然希望用正面思維的面具去取代負面思維的面具，但由誰來更換呢？面具的主人——我們自己。

反之，如果我們「換念頭」時如同「換面具」那樣無意識，結果就會——有時候換得對，有時候換不對，有時候根本換不上去，而且，不知道念頭的主人是否清楚此事，那不就「換」得不清不楚嗎？時間一長，如果連「換」這個動作都變成了自動模式，那面具就變成自己的主人，念頭開始自我主張了。

現在是拿回主動權的時候了——經由覺知。

具體來說就是，對思維覺察、知道、判斷、決定。這些都是最高領導應該做的事啊！讓我們按照反向順序看看這幾個步驟：

覺知的最終任務，是決定念頭放行與否——判斷通過的放行，未判斷的或未通過的留下。也就是說，領導沒問題時可以不出面，但發現問題要及時阻止，否則還要領導幹嘛？

覺知的中間任務，是判斷念頭正確與否——正確的批准，錯誤的否決。至於判斷的標準，要用到下一章所講的正見。

而覺知重中之重的第一要務，是覺察並知道念頭的存在，否則，後面的判斷和決定就無從談起。也就是說領導即使不出面，也不可以睡大覺！相反，要明察秋毫，念念分明。

看來，我們已經找出**「勵志未必有效」的第一個原因：未經覺知的理念，未必總是有效！**

覺知並審核念頭，還不夠。

覺知身體

如果說煩惱時要覺知念頭，那麼不煩惱時，或放下念頭後，還需要覺知嗎？當然，實際情況是：

- 當有念頭的時候，請覺知念頭；
- 當沒念頭的時候，覺知需要個物件，這個物件就是身體。

我們無法持續「覺知念頭」，卻可以持續「覺知身體」。

除了讓覺知有個著落外，覺知身體還有更重要的意義：

- 念頭無法感覺，忽隱忽現，在念頭處，我們觀察到何爲幻象。
- 身體可以感覺，眞切持續，在身體處，我們將觀察何爲眞相。

誰說佛陀是虛無主義者呢？如果是的話，他本來可以說「一切都是幻象」，那樣的話何必觀察？何必努力？何必生活？佛陀並沒有這樣說，甚至生怕我們這麼認爲。雖然他宣稱這個世界是變化的、生滅的、關聯的，但不等於一切都不存在！體會下佛陀的良苦用心吧：假如他僅僅指示觀察念頭，那會不會誤導我們以爲世界就像念頭那般虛妄不實呢？正是爲了避免世人得出這種結論，他在用一隻手指向幻象的同時，又用另一隻手指向了眞相。

這就引出**覺知的第二大好處：獲得眞相**。

讀者或許不解：思維告訴我們的不是眞相嗎？答案是不確定，可能是眞相，也可能是幻象。原因很簡單：所有思維都不是一手資訊。思維離不開語言和邏輯；兩個環節都經過了大腦加工，兩個環節都存在添油加醋的餘地。且不用說語言是人類編制的，詮釋的準確性讓分析學家傷透了腦筋；邏輯同樣是人類創造的，經過了聽、說、讀、寫過程的多次轉手，或者加入了自己思維，或者加入了別人思維，如何確保資訊的準確性？一句話——可信度成疑。

就好像我的腦海中一直幻想著馬爾地夫很美，其實本人從來沒有去過那裡。如果自問：「這種印象哪裡來的呢？」估計從報紙上、從電視上聽說的，甚至夢到的——無論哪種，都經過語言、邏輯、概念才達到我的大腦。再追問：報紙上、電視上、別人講的馬爾地夫的資訊是哪裡來的呢？可能從更遙遠地方的報紙、電視或是從其他人那裡轉來的——概念後的概念；甚至從另一種文字翻譯的——語言後的語言。總之，思維後的思維。

但如果各位親身去過馬爾地夫，那可是不同的感覺，那可是自己眼睛看見的、耳朵聽到的、鼻子聞見的、舌頭嘗到的、身體觸摸到的馬爾地夫！那種感覺，與電視上的、別人講的一致嗎？可能有點像，但一定有差別！如果那時我再問你馬爾地夫的情形，要描述清楚這種視覺、聽覺、味覺、嗅覺、觸覺，難免有一種語言不夠給力的感覺吧？

這就是覺知的不同之處：它讓大腦躍過思維，直接連接到感覺，因此排除了對原始信號的中間加工。

參考第一章中認知理論的模型，我們很容易比較出「思維模式」和「覺知模式」的不同。

如下圖所示，把外界誘發因素A理解爲感覺器官與外界的接觸，常規的認知途徑是「思維模式」：外界與眼、耳、鼻、舌、身接觸後產生的感官信號(A)，經由大腦的解釋(B)，形成了煩惱(C)。可用數學公式表示爲：A×B＝C。[4]

而非常規的認知途徑是「覺知模式」：外界因素與眼、耳、鼻、舌、身接觸後形成的信號(A)，躍過了大腦的解釋，直接形成了對眞相的判斷(C)。可用數學公式表示爲：A＝C。

外境＋眼耳鼻舌身A

↓ 大腦的感覺B：覺知

真相C

看看，我們中文的「直覺」一詞有多麼貼切！把兩個字拆開來讀，就是直接的「直」，加上覺知的「覺」。我們常說「憑直覺」、「有直覺」，就是躍過思維環節，經由直接感覺去判斷。

這才揭曉上一章中佛陀方法的秘密：爲什麼「如實觀照六處入處」會帶來平靜？

想想看，作爲佛學的創始人，佛陀既沒讓我們去誦讀佛經，也沒讓我們去參拜寺廟，爲什麼呢？倒不是說佛經和寺廟不夠高尚，而是說再神聖的地方，如果當下無法覺知，則與這個話題無關。相反，佛陀讓我們在眼、耳、鼻、舌、身、大腦處尋找平靜，因爲那裡才是覺知可及之處，那裡沒有預期、沒有回憶，只有當時當地的眞實體驗——

思維或許是煩惱的，而體驗必然是平靜的。

這也回答了本節的問題：爲何既要「覺知念頭」，還要「覺知身體」？

好似一枚硬幣的兩面，兩面都在它才完整。

這枚硬幣的反面印著念頭、幻象、煩惱，如同《圓覺經》所云：「知幻即離。」這是由於覺知穿過念頭，穿過幻象——也穿過了煩惱。請自我感覺一下：當我們「覺知念頭」的時候，將發現什麼？胡思亂想、過去未來、抑鬱不安。離開這些念頭，也就離開了煩惱。

這枚硬幣的正面印著身體、眞相、平靜。如同《圓覺經》所云：「離幻即覺。」這是由於覺知直通身體，身體帶來眞相——眞相中沒有煩惱。如果有誰還不太理解，請再自我感覺一下，當專注覺知眼、耳、鼻、舌、身的時候，哪個位置有胡思亂想呢？沒有。**眞相的本質沒有煩惱，眞相的本質就是平靜**。

在覺知中，除了平靜，我們還能體會到平靜的原因：

- 眞相的我不斷變化。身體在老化，念頭在流轉，就連覺知都若隱若現，這讓我們對稍縱即逝的當下倍感珍惜。
- 眞相的我不斷生滅。我們總以爲出生在很久之前，死亡在很久之後，其實「生與滅」每時每刻都在我們體內發生：每一次呼吸、每一舉手投足、每一個念頭、每一次情緒。這讓我們在爲每一次「生」而歡呼的時候，也能對下一次「滅」有所預期。
- 眞相的我註定與世界關聯。因爲那個「我」在各種因和各種緣的作用下，運動、流轉、離散、交融。每個人最終都將與環境融爲一體，不以誰的意志爲轉移。這讓我們會回歸一條中間之道——既珍惜世界，也不對世界執著；既珍惜自我，也不對自我執著。

這就是覺知直通平靜的秘密，這也是佛陀讓我們「向內看」的原因。

三個流行語

除了覺知，我們無法忽視另外兩種「覺」的解釋——覺醒和覺悟，三者間是什麼關係呢？**我們可以將整個的「覺」的過程分解爲覺知、覺醒、覺悟——意識從低到高的過程**。想想看，如果沒有覺知，我們是無法覺醒的，覺醒以後才能覺悟，覺悟以後，才會進一步發現覺知的意義。要成爲悉達多所說的「覺者」，首先應該成爲覺知的人，然後成爲覺醒的人，最後成爲覺悟的人。**不過請注意：覺知與覺悟是一前一後的兩個步驟，而覺醒只是兩個步驟之間的狀態——醒的狀態**。

覺知的目的，在於進入覺醒狀態。

曾幾何時，「覺醒」也成了一個流行詞。如果各位近年來讀過三五本心靈雞湯的話，估計對這個詞已經相當熟悉。我們常常聽人講「擺脫煩惱就要覺醒」，這沒錯，但我們講的不完全是一回事。

在一般勵志書裡的覺醒，是從錯誤的見解走向正確的見解；而本書中的覺醒，是之前的準備，並非正確的見解本身。這就解釋了我們把這個流行詞一語帶過的原因：如果不用「覺醒」這個詞吧，應該被糾正的不是我，而是流行概念。但如果用這個詞吧，又要和氾濫中的覺醒區分開來。

讓我們試試看。從字面上看，覺醒是從無意識狀態變爲有意識狀態，從無覺知狀態變爲有覺知狀態。其實生活中的「醒」與我們早上起床的「醒」本質並無不同，只是範圍更廣：不僅要從夢中醒來，更要從我們的人生大夢中醒來。「醒」是相對於「迷」而言的。在生活中，我們被什麼「迷」住了呢？當然是被胡思亂想迷住了。

打個比方吧：各位開車的時候，是希望自己握方向盤呢，還是希望副駕駛握方向盤呢？如果你覺得這個問題很可笑，那就快要「醒」了。因爲這麼多年來，都是胡思亂想在駕駛著我們的人生，而這輛車的眞正駕駛員卻昏睡不醒。[5]

因此要達到覺醒的狀態，方法很簡單：覺知。只有覺察、知道念頭的存在，才可能擺脫對念頭的執迷不悔。比如自己在開車的時候，原本心不在焉，突然意識到「不對，這是雜念的狀態，我要好好開車」，你就覺醒了。再比如，自己聽到朋友的好事，心裡卻覺得怪怪的，突然意識到「不對，這是個嫉妒的念頭，這不應該是我，我應該爲人高興才對」，你就覺醒了。我們都要真誠地祝賀你。且慢，各位以爲我祝賀的是上述正確的見解嗎？不，我祝賀的是你在正確見解之前的覺知。僅僅「覺知念頭」、達到覺醒的狀態，就值得大大慶祝一番。

覺醒狀態的目的，在於進一步覺悟。

一般人提到負面思維和負面情緒，總是匆匆忙忙跳到下一步，用正確的見解去駁斥念頭，其實那是相對容易的事情。比正確的見解還難的，是先意識到「念頭是念頭，我是我」——先意識到煩惱，才可能擺脫煩惱。

總結本章的內容：**我們以覺知爲自我平靜的第一步，因爲它是整個過程的源頭**。可以說，如果缺少這一步，本書的「自我平靜」將是一句空話。

不過顧名思義，「醒」是一種不穩定的瞬間——某人剛從夢中醒來，隨時還可能再睡回——沒錯，就是早上被鬧鐘叫醒幾次、又睡回幾次的那位！要讓「醒」的瞬間穩定下來，我們還要覺悟。悟什麼呢？正見。

4 第二步：正見

佛陀在伽耶山的菩提樹下覺知了六天六夜，終於開悟了。當他從靜坐中睜開眼，看著佈滿星星的天空發出感慨：世界多奇妙！世人的迷茫都因顛倒妄想。

顛倒妄想的反面就是人生智慧，黑夜那邊透過一線曙光。

不要以為佛陀的智慧來自於「坐了六天六夜」或「覺知了六天六夜」。如果那樣可以的話，佛陀之前的印度苦修者，甚至現在的「冥想馬拉松選手」，都坐得更久、也覺知得更久。佛陀的特別，不僅在於「覺」，而且在於「悟」。

看看我們中文多麼言簡意賅！平時我們老說「這個人覺悟高」、「那個人沒覺悟」，其實指「覺」和「悟」兩個動作：「覺」是第一步，沒有它，大腦不會從念頭中醒來；「悟」是第二步，沒有它，難道醒來後的大腦一片空白嗎？不。它需要智慧引導。

智慧的起點就是正見。

八萬四千把鑰匙

正見顧名思義，就是正確的見解。

一提到正見，有些人就會覺得我講得不夠古代，另一些人又覺得我講得不夠現代。

第一種人的理由，是「正見」一詞來自佛教，佛陀所講的正見另有深意，與本章的現代內容不同。我需要說明：本書並非宗教書，爲什麼「正確的見解」要受兩千多年前文字的束縛呢？如果佛陀在世的話，也一定會用通俗易懂的語言向現代人表述吧。

第二種人的理由正好相反，認爲佛陀是不是過時了、正見這個詞是不是也過時了。我更要說明：不僅佛陀本人難以超越，而且他所留下的正見，仍然是最根本的智慧。

且慢，記憶力好的朋友會提醒：我們從前言開始就講「理念效果有限」，而正見不恰恰是正確的理念嗎？

的確，本書立足於「不要停留於理念」。因此在自我平靜的五個步驟中，正見並非唯一的一步，但仍是重要的一步：正見如光，沒有正見的人生，難免跌跌撞撞，誤入歧途。**也就是說，單**

靠正見不行，沒有正見則萬萬不行。

在成千上萬的人生正見中，我們該從哪裡開始呢？

有一點是明確的：人生太複雜、人生的問題太多，很難有一把萬能鑰匙去解決所有問題。在娑婆世界中，每個人每天都接到不同的課題，而且經常是出人意料的課題，生活因此才豐富，也因此才煩惱吧。按照佛教的說法，生活有八萬四千種煩惱，而佛教有八萬四千種解藥，或者說有八萬四千把解開人生難題的鑰匙。這裡面的「八萬四千」是「無數」的意思，當古印度表示多的時候，常常放進一個光怪陸離的數字。可想而知，如果我們眞有這樣一串鑰匙，一定是很長、很長、很長的一串鑰匙。

由此產生了兩個問題：一是這麼多鑰匙，什麼時候才能湊齊？從小到大，我們確實讀過很多人生道理，但好像一直存在著思維上的「死角」，好像總缺少了幾把鑰匙。二是這麼多把鑰匙，該用哪一把呢？以自己爲例，我就揣著一串沉甸甸的鑰匙，包括公司門的五把、家門的三把、保險櫃鑰匙三把、汽車鑰匙一把，每次開門，我都要手忙腳亂地找個遍，別說八萬四千把鑰匙了，哪怕八十四把，開門時已恨不得破門而入了。難怪每次我們都胡思亂想很久之後，才想出一個白己早就明白的道理！

又好比看病的時候，醫生遞來一張列出八萬四千種處方的單子，那能是好消息嗎？讓人混淆又嚇人一跳。醫生可能是名醫，藥可能是好藥，但萬一只是個感冒呢？

看來難度不在於選擇太少，而在於選擇太多，多到挑都挑不過來的地步。因此適當總結是必要的：即使不能有一把萬能鑰匙，也無法接受無數把鑰匙；即使不能有一副萬能解藥，也難以消化八萬四千種解藥。對於我們這些悟性有限的大眾來講，勵志理念太多不是好事，只會造成領悟容易、運用困難。

折中方案呢？比如三把鑰匙，五把鑰匙，再不行十把鑰匙，總比「無數」要好啊！學理科的同學們一定會這樣想——能不能有類似萬有引力的定律？

學理科的我，確實是這麼想的：最好能有幾把「人生正見的鑰匙」，隨拿隨用，這樣才可以提高止息妄念的速度。當然如果有誰去記住八萬四千種法門，那是天才的記性，本人也不反對。

對於大多數記憶力沒那麼好，甚至像本人一樣記憶力正在衰退的朋友，我準備介紹人生正見的三把「鑰匙」——感恩、講和、當下。不是一把，也不是無數把。

有朋友會說：「是不是你隨便挑出來的三個概念呢？」當然不是。

首先，它們與佛陀所說的正見——無常、苦、無我——並非無關，之所以改用現代的語言，主要考慮到這是一本關於方法論的書，讀者更關心的不是教義、而是行動：

●因爲苦，所以感恩；

●因爲無我，所以講和；

●因爲無常，所以珍惜當下。

另外，它們也與後面控制負面思維、負面情緒的方法密切相關。

最重要的是，你將發現它們不僅是理念，不僅是方法，還是體驗——而體驗，是無法被「挑出來」的眞相！

第一把鑰匙：感恩

把感恩放在第一位，因爲它是東方文化的核心。

我們從小讀《三國》、《水滸》、《東周》、《隋唐》，學的是「滴水之恩湧泉相報」，恨的是忘恩負義的小人。不僅我們中國文化，日本、韓國也深受影響，應該說，報恩情節始終流淌在我們東方人的血液裡吧。與東方稍有不同的是，基督教、猶太教、伊斯蘭文化也講感恩，但更側重感謝神的恩典。其實不管感謝人還是神，感恩總比不感恩要好。

這可不是講大道理，而是確有道理。

作爲治療人類心理疾病的第一副良藥，感恩是有進化根據的。首先，它符合生存法則——人類作爲自然界中生存能力最差的物種，只有感恩才能保持最早的群居，而只有群居才能夠在自然界的競爭中勝出。其次，它符合社會法則——作爲力量有限的個體，只有感恩才能形成團隊，而只有團隊才能在社會競爭中脫穎而出。看來我們想要活得久些、活得成功些，最好珍惜祖先留下的那點感恩之心。

今天能把「感恩」這副良藥推薦給各位，還眞多虧了這本書。估計我當面是很難說出口的。想像一下在聊天的時候，有人建議你「要感恩」，你會不會覺得這人意有所指呢？會不會以爲這人讓你感謝他（她）呢？

問題正在這裡！一般人總以爲感恩的受益者是對方，而非自己。只有在書中，我才有機會說：「眞正從感恩中受益的首先是自己，然後才是對方。」看一看周圍的人就知道，心懷感恩的人是不是過得比較快樂呢？起碼本人的觀察如此。我覺得這是由於感恩之心讓人覺得自己獲得的太多，所以容易滿足的緣故。

反過來，不懂感恩的第一受害人也是自己；他或她起碼有三個損失。

一是總覺得社會欠自己太多，自然愁眉不展。比如同樣拿五千元的薪水，有人覺得很多而高興，有人覺得很少而苦惱；同樣住一百坪的房子，有人覺得自己很有福，有人覺得自己很倒楣。

二是容易錯過福報。比如同樣被上級安排了一個任務，感恩的人認爲這是上級賞識因而全力以赴，結果成績斐然；不懂得感恩的人認爲這是苦差因而抱怨連天，結果業績平平。你作爲上級的話，會提升哪位呢？

三是不夠寬容。別人的一點錯誤就看得清清楚楚，不僅對別人刻薄，也容易搞壞自己的心態。有個專用名詞叫作「淨相」，越是精英人士，越可能意識不到自己患上了這種「淨相」的毛病。

按照由近及遠的原則，我們第一個需要感恩的人是誰呢？

如果把這個問題問一群人，多數的回答可能是父母、妻子、丈夫、小孩、老師、某某朋友……我們常常感謝了整個世界，卻忘記了最近的人——自己。

這個「自己」包括很多部分：大腦，承受了如此之多的胡思亂想；身體，從來任勞任怨直到疲憊不堪；心臟，總是保持著生命的能量……最後還有那個冥冥中的「本來之我」，爲自己保存了一絲超越世俗的情懷。

接下來還應該感謝家人：父母養育了我們、伴侶忍受我們的缺點、小孩讓人歡喜讓人憂。有的朋友問：「不是應該小孩感謝父母嗎？」那是小孩該想的事，不是家長該想的事；如果自己做個好榜樣的話，子女長大一定會成爲一個感恩的人。但在此之前，父母所需要做的就是感謝子女帶來的快樂，難道我們對子女的愛不是無私的、發自內心的、無需回報的嗎？如果是這樣，那就不要預期了，把看著他們長大的過程看成是天賜的經歷吧。

除了自己和家人，也別忘了周圍的人：老師、朋友、同學、同事、老闆、下屬，甚至保全、褓姆、服務生。有些人心裡想：「他們與我有什麼關係？」其實，我們與一生中遇到的每個人，都有一種非常難得的緣分。

或許，僅僅或許，還可以感謝自己的上司或老闆。但這句話也只能在書裡寫寫，如果當面講一定被人痛罵。我們每個人都有上級，很多人都不喜歡自己的上級，覺得爲什麼他（她）來管理我？爲什麼不是我來管理他（她）？其實直到自己成爲上級，才會知道上級也有上級的壓力。本人既管理過幾十人的團隊，也管理過上千人的企業，當每天五點下級都準點下班的時候，我還要忙著讀報告、清點、鎖門；夜裡忙著明天的準備，週末忙著下周的計畫，心裡是多麼羡慕朝九晚五的日子啊！可能有些人會說，「這是你站在老闆的立場沒爲員工設想，萬一作爲下級被裁員怎麼辦？」我倒要問問這位朋友：是裁員可怕呢，還是倒閉可怕呢？裁員隨便再找一個工作就行了，但倒閉呢？下面是清倉、破產、起訴……這麼想以後，或許我們需要老闆來承擔自己所不願承擔之重，或許我們需要上級來面對自己所不願意面對的老闆。

但反過來如果作爲老闆，就應該感謝自己的員工了。世上雖有不感恩的老闆；據個人觀察，在員工權利比較大的國家如歐洲，較多不感恩的員工，而在雇主權利比較大的國家如中國，較多不感恩的老闆。其實做一個感恩的員工不容易，做一個感恩的老闆就更難，不是難在創業之初，而是難在成功之後還能保持一顆感恩之心。以自己爲例，從年輕時起就是個非常隨意的人，不覺得自己有何不同，但在管理很多下級之後聽到「全靠您了」、「您來決定」之類的話，難免也飄飄然起來。這時是否還能站得住，就要看有沒有定力和造化了。如果老闆眞開始自以爲是個天才，就會失去感恩之心；失去感恩之心，就會失去團隊，而失去團隊，不就失去管理者的意義了嗎？

上面還算容易，要感謝我們的敵人就太難了。哪怕嘴上這樣講，實際也做不到。其實，相比起耶穌的原話——「愛你的敵人」、「原諒你的敵人七十七次」——估計凡人很難做到，「感謝」還相對容易。可爲什麼要感謝呢？就像前面所講的，是爲自己啊。想想看，一個忘卻敵人的人會比一個整天記恨敵人的人快樂吧。因此，不妨試著祝福他（她）更好，萬一應驗了，那他（她）不就不再可恨了嗎？再不妨，試著感謝這位敵人爲自己打開了世界的另一扇門，說不定這是自己從未想到過的人生方向呢。

最後應該感謝的，或許最先應該感謝的，是這一切的創造者，它如此神奇地創造了你我，創造了萬物，讓我們與眾不同又彼此相連。不管我們犯了多少錯誤，它一直像大地般寬容而沉默，我們要真誠地感謝它，無論它叫什麼名字。

佛教中講「諸受是苦」，你苦，我苦，大家都苦；**脫苦的方法就是感恩**。

● 感恩必然帶來愛。個人和社會都需要愛，孔子要我們「仁者愛人」，耶穌要我們「愛神並且愛人如鄰」，而感恩就會做到這點。

● 感恩必然帶來回饋。一個感恩的人會想著回饋家庭、社會、天賦的使命，從而投身積極的人生。看一看東亞受儒家文化影響的地區：中國、韓國、日本、新加坡，都是強調感恩和回饋的。

● 感恩必然帶來珍惜。俗話說「感恩惜福」。就像本書開頭所列舉的空氣和重力的比喻，我們身邊很多人、事、物，都被想當然地忽略了，如果心懷感恩，自己就會更珍惜那些未必永遠在那裡的親情和友情。

看看，感恩對「人生不苦」多重要。

再好的事情都有一個不至於太過或不及的程度，如果超過了這個程度，事情就會走向反面。比如，我們感恩就要回饋，有回饋就有期望，有期望就可能失望。比如，我們感恩就要去愛，有愛就可能有恨；更糟糕的是，感恩帶來珍惜，但我們珍惜了，別人不珍惜怎麼辦？

這就要用到正見的下一把鑰匙：講和。

第二把鑰匙：講和

感恩是我們應對世界的一隻手，講和是另一隻手。

最好兩隻手都做好準備：感恩讓我們努力不虛度此生，但如果努力了仍不成功呢？就要跟自己講和了。感恩也讓我們回饋世界，但如果回饋了仍沒有結果呢？我們就要跟世界講和了。感恩還讓我們待人以禮，但如果別人回之以不敬呢？太正常了，我們只能與叫作「人類」的同類講和了。所以說，感恩沒錯，努力沒錯，回饋沒錯，但我們必須學會講和。畢竟，人生不如意之事十之八九。

可從小到大，很少有人教我們「這一手」。學校裡聽到的詞，更多是奮鬥、競爭、克服、戰勝、努力、超越，這讓我們走向社會之後一直處於競爭之中，和別人競爭，更和自己競爭……即使成功了，將來的我也要和現在的我競爭。當我奉勸一些煩惱的朋友講和的時候，這些沒有幽默感的傢伙總很認眞地回答：「不，我就要戰勝自我！」直到煩惱化爲壓力、壓力化爲疾病——我們所不希望看到的競爭結果。

因此要消除各位的一個擔心：「這本書會不會要降低我的社會競爭力啊？」恰恰相反，本書的「講和」爲的是提高抗壓能力，從而更好地競爭。事實上，我們學了這麼多年競爭，是不是勇往直前才叫競爭？不，有進有退才叫勇。那如何有進有退？既要能競爭，也要能講和；在競爭開始之前，最好先學會講和。

至於如何講和，表面上誰都會，但要從心裡講和，莫過於寬容二字。

在世界各地的文化中，我不得不說，中國文化是最寬容的一種。從小在學校裡，我們就笑話別的小朋友「小心眼」、「沒肚量」，這麼形象的詞在英文中還眞難找到。再看我們經典著作中的英雄形象，都個個心胸寬廣，比如諸葛亮對孟獲「七擒七縱」，比如宋江「仗義疏財」，就連大奸臣曹操也因「義釋關羽」而留下美傳。這個傳統被保留到國際交往頻繁的今天，看看我們是怎麼接待外國人的，而外國人是怎麼接待我們的，就會懷疑我們這個民族是否太寬容了，當然也自豪於我們祖先所留下的美德。

至於與誰講和，首先還是自己，這意味著要寬容自己做過的令人羞愧的事。以本人爲例，按說我在商場上跌爬滾打這麼多年，應該懺悔的事情肯定不少吧，但懺悔歸懺悔，每天晚上我還是要在睡覺前原諒自己，因爲我知道，每個人需要懺悔的事情都很多，自己也不是什麼特例。

除了自己，更要與周圍的人講和，這意味著寬容別人的錯誤。佛陀教育他的兒子羅睺羅向大地學習，佛陀說：「人們往大地上扔乾淨的東西，也扔不乾淨的東西；甚至在大地上拉屎、撒尿、流血，你看到大地生氣了嗎？沒有。你看到大地羞恥了嗎？沒有。你看見大地避開了嗎？沒有。大地就是這樣心平氣和。」

除了與人講和，是不是也應與這個世界講和？這意味著我們如果不給世界做什麼貢獻，起碼不要給世界帶來傷害。它自有狂風暴雨，自有陰晴圓缺，但正因爲這些不確定性，一切才變得多姿多彩。

佛教中講「諸法無我」，理論落實到行動，就是學會講和。

- 講和才能控制負面思維。哪些負面思維？自責、指責、嫉妒、憤怒，這些念頭的背後都是指責。
- 講和才能控制負面情緒。哪些負面情緒？悲傷、恐懼、後悔、憂慮，這些情緒的背後仍是指責。

當我們學會成己、成人、成就社會，就爲隨後的控制負面思維、控制負面情緒打下了正見的基礎。

藉由感恩與講和，我們說出了人生的中間之道——既不能全放下，也不能放不下；既不能過於有爲，也不能過於無爲。如果「光感恩不講和」，難免過於投入，如果「光講和不感恩」，又難免厭離世界。所以說兩隻手一起用，才能平衡我們的人生。

感恩也好，講和也好，都還屬於思維的力量。有沒有超越思維的力量呢？

第三把鑰匙：當下

第三把人生正見的鑰匙是「當下」。

這是一種非同尋常的正見。如果我們把感恩與講和比喻成人生中「手」的力量，那麼當下更像「心」的力量。如果說感恩與講和走的是思維之路、靠一個念頭去駁斥另一個念頭，那麼當下既可以是思維，更可以是對思維的超越。

因此有兩種「當下」：之前各位一定讀過不少「活在當下」的書，甚至天天收到「活在當下」的簡訊，那些都屬於「概念中的當下」，此外還有「當下中的當下」。區別在於，前者可以被理解，後者只能被體會。

「概念中的當下」，道理很簡單：既然我們的生活由無數個此時此刻組成，那麼浪費當下就在浪費生命、珍惜當下就在珍惜生命。

《聖經》中有很多關於當下的名言。奇怪吧，根據《新約》記載，以引導我們去另外一個世界為目標的耶穌，其實大部分時間都花在了指導門徒如何處理當下的情況。在整個《聖經》中，「現在」的字樣高達四百八十二次之多，比「天上」、「天堂」、「天國」加起來還多！可見神要求我們在去天上、天堂、天國之前，要把這個世界、這個時刻關注好。

道理雖簡單，卻很難做到。我們常常有句不好的口頭禪——「明天再說吧」。不，不要等到明天，想做什麼今天就開始做吧！南懷瑾先生回憶他剛剛逃難到臺灣的時候，全家只能住在漏雨的屋子裡，自己白天一邊抱著小孩一邊寫文章養家，晚上睡覺前也會擔心第二天全家的伙食從哪裡來。這時他就安慰自己說：「還不知道明天在不在呢。」

我們還有句更不好的口頭禪——「再過幾年如何如何」。不，不要再過幾年，現在就是合適的時候。前一段我還讀到某首富宣稱「等到多少萬萬億就退休」的誓言。在此送上真心的祝福：最好現在別想著退休！因為很多朋友工作的時候盼著退休，結果工作沒有做好，到了退休的時候又想著工作，結果退休也沒有休好。這種「不在當下」的情結，怕連首富也難免。

更糟糕的是，我們還有句玩笑話——「但願下輩子吧」。不，不要等到下輩子，請從這輩子開始。加拿大幽默作家斯蒂芬．李柯克對此有一段形象的描述：「我們人生的旅程是多麼奇妙啊！小孩老是說『等我長大……』長大了呢？大男孩說：『等我成年……』成年後他又說『等我結了婚』，等他眞的結婚了又怎樣呢？他又想『等我退休了吧』。終於，他退休了。當他回首往事，心中不免升起一股寒意，因爲他已經錯過了人生中的一切，什麼都沒抓住。我們總是太晚才認清生活就是生活，就是每一天每一個小時」。[1]這是智慧的感悟。

隨著「活在當下」概念的流行，也流行起一些誤導的說法。

其中之一就是所謂「時間並不重要」，理由是時間是人類創造的，它本來不存在，因此也不重要。這對不對呢？確實，時間的刻度是人爲制定的，但並不表示它不在那裡。相反，愛因斯坦認爲時間是宇宙的第四維，霍金認爲黑洞是時間的起點，不管人類是否存在，它都存在。這就好比人類把太陽叫作太陽之前，它存在不存在呢？當然存在，只是不叫這個「太陽」的名字罷了。

時間不僅存在，而且重要。我能想到的唯一例外是，對已經出離世間的修行者來講，不僅時間，此生都不再是重要的了。但對我們這些仍然癡迷於娑婆世界的凡人來講，生命只有一次，時間只在當下，再沒什麼更寶貴的了！

另一種誤導是所謂「一切毫無意義」。理由是，既然過去和未來沒有意義，那麼當下也會變成下一個過去而失去意義，由此引申出一切皆無意義。這個說法聽起來詭異，實際上錯誤。錯誤在於，當下是不能變成過去的，它可以生，可以滅，但只能在此時此刻。就像火焰一樣，有燃燒的火焰，沒有「熄滅的火焰」，在滅去之前，它就是全部意義所在。

第三種誤導是「活在當下萬能」。像前面所講的那樣，任何事情都要有個恰到好處的程度。當我們把「活在當下」吹捧成一把萬能鑰匙時，無形中就埋下了失望的種子。

之所以說「活在當下」不萬能，因爲並非所有煩惱都「不在當下」。雖然有些煩惱是過去和未來造成的——如後悔、憂慮、自責，但也有些就發生在此時此刻——如憤怒、悲痛、抑鬱等等，「活在當下」怎麼能解決這些「就在當下」的煩惱呢？

更大的問題在於如何落實。當我們胡思亂想的時候，大腦裡好像有兩種聲音，一種告訴我們悔恨沒用，但無法阻止另一種讓我們繼續悔恨。如何讓後一個念頭回到當下，恐怕並不那麼簡單。不簡單的原因在於：「活在當下」是思維可以做到的，而「回到當下」是思維難以做到的，只能靠超越思維去實現。體驗下如何不後悔、如何不憂慮，各位就知道念頭的力量多麼頑固——在對過去和未來的追逐中，「當下的力量」很無力。

佛教中講：「諸行無常」，這提醒我們活在當下。比佛陀留下的理念更重要的是，佛陀還留下了回到當下的方法——方法留待第二部分再講。

至此，我們講完了人生正見的三把鑰匙——感恩、講和、當下。

至少在一點上我證明了清白——本人一點兒也不反對理念，甚至可以說喜愛理念，自己不也洋洋灑灑地寫了不少嗎？但我反對單靠理念、反對停留於此，原因之一是：它與智慧還是兩碼事。

正見不等於智慧

有人會問：智慧與我們的主題有什麼關係？確實，智慧雖好，但與平靜何干？

記得我們前面講的「四聖諦」——苦、集、滅、道吧？其中煩惱的消滅，是需要智慧的。古語講「開智慧、斷煩惱」，即用智慧駁斥煩惱的念頭，斬斷煩惱的鏈條。如果轉換爲現代心理學的語言，即用正確的認知糾正錯誤的認知、從而實現心理健康的目標。

現在的問題是：我們已經有了人生正見的三把鑰匙，如果需要的話，甚至可以有八萬四千把鑰匙，難道還沒不夠「智慧」嗎？

答案是否定的。易中天教授講過這麼一句話：「知識可以授受，智慧只能啓迪。」很好地說明了兩者的區別：知識是從外向內的，智慧是從內往外的。

佛教中有個術語叫「轉識成智」，也有類似的意思。既然識是識，智是智，兩者自然是不同的事。佛教中的「識」與「智」專有所指，但本書借用這個概念，泛指知識由外向內的轉化。

既然內外有別，從正見向智慧的轉化，就不會自動實現。這點常常被過度簡化或忽視，以至於結果無效或重來。這次爲了避免重蹈覆轍，我們將這條並不簡單的「智慧線」，分成幾段來講。

1. 從知識到理解

我們聽到的正見，其實只是外來的知識，尚未轉化爲內在的意識。因此在歷史上，往往越有知識的人，越意識到知識的局限性。其中最愛講道理、也最能講道理的，當數中國的儒家了，《論語》洋洋灑灑幾萬字，講的都是孔老夫子的正見，可孔子的學生子貢對此持保留意見，他說：「夫子之文章，可得而聞也。夫子之言性與天道，不可得而聞也。」翻譯爲白話就是，孔老先生所寫的文字容易明白，但所講的意境，絕非光聽就能明白——眞正的理解是超越文字的。

雖說「知識怎樣轉化爲智慧」說來話長，但「知識常常沒有轉化爲智慧」確是事實。到了本人這把年紀，以前的同學們經常閒聊的一句話是「把知識都還給老師了」。想想本人上過那麼多課，除了小學時的眼保健操還在做，中學時同學們的早熟還羨慕，大學時校園的自由風氣還懷念，其他能記得的眞不多。這就是授受知識和啓迪智慧的不同吧。

2. 從理解到運用

即使理解了正見，還要學會運用正見。

說來奇怪，我們頭腦中的認知並非自動落實爲行動。打個比方或猜個謎語吧：煩惱相當於門鎖、正見相當於開鎖的鑰匙，什麼情況下會出現帶著鑰匙卻開不了鎖的情況呢？

一種情況是「鑰匙太多，以至於不知道該用哪把鑰匙」，類似地，如果正見太多，煩惱時反而想不起該用哪種對治。正因爲如此，我們先把感恩、講和、當下總結爲人生正見的三把鑰匙。

第二種情況是「該掏鑰匙的時候，手卻不聽使喚」，同理，大腦會在不知不覺中受控於負面思維，最好的例子就是憂鬱症——起先看似合理的念頭在腦海中盤旋，後悔、憂慮、自責、焦慮，當患者感覺生病的時候，已經在灰色的漩渦中動彈不得。

第三種情況更可笑，就是「鑰匙還來不及掏，事情已經過去」。比如，不管我們讀過多少本控制憤怒的書，氣頭上恐怕都記不起任何書上的道理。當自己怒氣沖沖地摔門而去後，才猛然想起：「咦，明白的道理哪裡去了？」

3. 從運用到信念

運用了正見，還需鞏固爲信念。

這就是孔子身體力行的「擇善固執」。先說擇善，即選擇正見。孔子宣揚過的理念很多，光「仁」字就有四種說法，其實都是善的體現：他一生都在擇善。

再說固執，即堅定不移。一旦選擇了正見，孔老夫子可以說勇往直前不回頭。試想以他的機智，何不順應時世，對四處碰壁的「仁政」稍加調整？根源在於，孔子是爲信念而從政，不是爲從政而信念的，眞讓現今的政客們汗顏！所以說，我們不要簡單地理解什麼「惶惶如喪家之犬」，那是孔子的自嘲，人在低潮的時候還不能有點幽默感嗎？就算從敵對的角度來看，這也是一隻有著堅定信念的「喪家之犬」！

私下猜測，孔子既然自己做出了表率，爲什麼還特意給弟子們提出「擇善固執」的要求呢？這說明他老人家心裡有數，我們擇善，並不固執。事實上，擇善容易，那是一念之間的事情；固執很難，即使有短期的正見，也容易受外界干擾，遇到走投無路就動搖了，遇到利益衝突就動搖了，遇到升官發財就動搖了。如何才能「固執於善」呢？各位會看到，本書第二部分的次序是：

鍛鍊，應用，精進。

總結下這條「智慧線」——從聽聞正見到理解正見、從理解正見到運用正見、從運用正見到堅定信念，每一步都不是想當然耳的事情。

甚至感恩、講和、當下這三把鑰匙，即便有效，也未必生效。試想，本書的讀者認同本章之後，都會過上感恩、講和、當下的生活嗎？恐怕不會——知道了，未必領悟了；領悟了，也未必做到了；一時做到了，以後也會動搖。

有些讀者想：「很簡單啊，現在我知道了感恩、講和、當下的道理，接下來我會記住、運用，直到化爲信念。」問題是，這不仍然是個想法嗎？它仍然停留在思維層面。

思維不等於體悟

以上步驟，按照正常的認知流程已經夠了，但按照佛學的思路還差一步：如何轉化爲智慧？我們已經講過正常的思路，一靠傳授，二靠啓迪。易教授認爲啓迪比傳授好，我們完全同意。但佛學更進一步，認爲智慧不僅難以傳授，甚至難以啓迪。

何以見得？

佛學的完整方法包括「聞、思、修、證」四個部分。其中「聞」是從外面聽到的，來自傳授；「思」是自己想到的，來自啓迪。前兩項可以歸爲一類——思維。那麼「修證」呢？既然它們在「聞思」之後，顯然不同於思維。沒錯。「修」是體驗，「證」是覺悟，後兩項加起來，就是體悟——不再是大腦的「思維模式」，而轉化爲大腦的「覺知模式」。

由此，我們看出佛學方法與傳統教學方法的不同：

第一，既靠思維，也靠覺知。

第二，思維固然可以接受，但更直接、更可靠、更牢固的智慧，來自覺知。

至於思維和體悟的區別，舉例說明吧。我這人有顆好心，也有個壞毛病，就是我總是給周圍的朋友一些「正確的見解」。在我是發自內心，對別人卻屬外來之見。難怪！勸說的效果總是不佳，就像勵志的效果一樣有限。通常大家對我提供的正見都將信將疑，只不過程度不同而已，「信」的最大値估計是百分之九十——有時本人的威信很高，「疑」的最大値估計也百分之九十——威信也不至於完全消失，那什麼時候朋友們才完全信呢？當他（她）們親身經歷印證後，那時不是百分之九十，不是百分之九十九，而是百分之百的確信！

比如，新聞常報導說黃金週人山人海，因此我總勸周圍人節日在家靜休。某次國慶假期，有個朋友要去大理，「聽說那裡很美」、「聽說人沒那麼多」。我忍不住提供自己「正確的見解」，冒昧地建議其三思而行，主要考慮到中間飛機還要轉幾次，而且萬一被她不幸言中「眞的很美」，那去的人不更多嗎？其實我的建議何嘗不是思維，因爲我並沒去過，但她覺得「很美」、「人不多」也是思維，因爲她也沒去過。結果呢？這位朋友帶回兩條體悟：第一，大理確實很美；第二，黃金週再也不出門了！你看，受一圈罪後，果然得出了內在智慧——不再是「聞思」，而是「修證」了！事實證明，「修證」確實比「聞思」牢靠多了，以後這位朋友長假靜休，再也不用別人勸了。

另一個典型案例是子女教育。可憐天下父母心！我們都愛子女，子女又何嘗不愛我們，但別指望他（她）們因此就會接受我們外來的正見。有青春期子女的父母們都知道，那段時間，子女一定會反過來聽，父母一定要反過來講才行！對於這些既不能傳授又無法啓迪的小孩，我們眞沒別的辦法，只能祝願日後生活的「體悟」，賦予他（她）們智慧吧。

與上述相比更糟糕的情形，是一次體悟都不管用，還要不斷體悟，俗稱「好了傷疤忘了疼」、「經一事不長一智」。比如，我十年前就勸一個身邊的親戚不要做生意，因爲「如果缺錢還好，如果生活沒有那麼緊迫，技術又沒什麼優勢，做生意那麼容易嗎？更何況每個人都有自己的長處和短處，要找到自己的定位很不容易」。假如這些算正見的話，那「勵志」的效果很差，因爲她聽了我的建議後，毅然從原先的工作崗位辭職，先開始做服裝的生意，結果兩年後清倉時家裡堆滿了服裝；消停了一段，再做書本生意，結果兩年後清倉時家裡堆滿了書本；又消停了一段，接著做飲料生意，結果呢？你也猜得出，清倉時家裡又堆滿了飲料！經歷了無數磨難，猜猜這位親戚見我時說的，就是我最早勸她的原話！當時我想，經過了這些體悟，她應該終於不再需要正見了吧。沒想到好景不長，最近聽說她又開始琢磨食品生意了——我不由得倒吸一口涼氣。所以朋友，要知道你的情況不一定最差，尤其在讀過本章以後。

體悟下兩者的差別吧：把「感恩」、「講和」、「當下」寫在一張紙上，用眼睛看著這三個詞，這種從文字跑到大腦裡的三個概念，只能算思維的正見。

但它們僅僅是我爲各位挑出來的或總結出來的三個「概念」嗎？不，概念是二手資訊，我給各位的是一手信息——體悟而來的正見。

好像當你眺望著夜空，被夜空中空寂的靜觸動了，以至於不知道該怎麼來描述它。當我要描述一切都寂靜下來以後的「本來之心」時，也被它深深的靜觸動了。該用怎樣的文字呢？眞相是不需要符合頭腦的，就像星空不需要去符合「星空」一詞那樣。儘管文字是貧乏的，但我選擇了「感恩、講和、當下」，因爲它們是最接近心靈眞相的文字。我甚至沒有選擇「快樂」，因爲它並不接近心靈的眞相。

別急，你也會看到這個眞相的，而且無須坐上六天六夜。

總結本章的內容，**正見是我們自我平靜過程的核心步驟，但這重要一步，不能是唯一一步。**回想一下各位以前聽過的勵志故事，或許以揭示某種理念爲高潮，然後戛然而止吧。這次不同的是，我們的故事遠未結束，高潮還沒開始呢。

5

爲何煩惱重來

本章可以算是第一部分的高潮吧。

要說一篇文章的高潮在什麼時候出現，這取決於作家處於哪個年代。傳統文學常常把高潮放在後面，如果你讀馬克．吐溫的小說而沒讀最後一句，那前面就白笑了。再到資訊化時代，出現另外一種流行，就是整篇文章找不到高潮，或者說幾十冊的都是高潮。所幸，本書保持相對傳統文風，在經過必要的準備之後，我們要回答本書封面的問題了——爲什麼勵志不再有效？

回憶一下前言中提出的質疑：

我們早明白「不要爲打翻的牛奶哭泣」的道理，爲什麼常爲昨天後悔？

我們早明白「活在今天」的道理，爲什麼總爲明天擔憂？

我們早明白「做自己本色」的道理，爲什麼卻爲別人一句話想個半天？

我們早明白「憤怒是拿別人的錯誤懲罰自己」，爲什麼還在懲罰自己？我們早明白「睡吧，留到明天去想」的道理，爲什麼大腦仍然拒絕入睡？這麼多「爲什麼」，都是爲什麼呢？

「以識破識」的問題

原因通俗地講，就是「以識破識」效果有限。

讓我們先從兩個很簡單的科學實驗得到啓發。

實驗一，在桌子上放一杯水，把一個海綿球浸入水中、沉到杯底，如何讓油進入這個海綿球裡呢？直接把油倒進杯子裡的話，油將浮在水面，而海綿球仍是水性的。

同理，我們的大腦就像上面實驗中的海綿球，大腦中的知識和記憶就像佔據在海綿球裡面的水，現在從外面來了一個新的理念，像油一樣被倒入水中，各位覺得它眞進入我們大腦了嗎？當然沒有。

這個現象不奇怪，不這樣才奇怪。想一想我們每天接觸各種千奇百怪的理念，如果都被記住的話，大腦一定會不堪重負，幸好它有難以預測的過濾機制，只讓外界資訊中的一小部分轉化爲意識。而讓絕大部分外來的理念，即便在意識表層短暫停留，也像漂浮在水面的油一般，風一來，就被吹走了。

實驗一啓發我們：外來的理念不易進入，我們稱爲第一種「識」。

讓我們再把前面海綿球的模型放大些：

實驗二，二〇一〇年六月，英國石油公司在墨西哥灣的油田錯打了一個窟窿，結果大量海底石油冒出，連續幾個月怎麼堵也堵不住，造成的海面污染大到從月球上都可以看見。對海洋生物來講，可謂飛來橫禍，更確切地講是地冒橫禍，魚啊、鳥啊的屍體漂到了幾百海哩以外的美國沙灘。在看這段新聞的幾個月當中，我終於意識到：還眞沒什麼好辦法能讓海面的油跑回海底！

同理：大腦中意識流動的方向也類似：認知深藏在我們的大腦之中，它不斷冒出各種念頭，可反方向來看，要把念頭退回認知難以實現！

這個現象也不奇怪。如果我們把大腦中的意識結構分爲兩層，淺層意識類似上面的海水層，而深層意識則類似下面的地殼層，我們無法接觸，甚至難以描繪，卻顯示出從內向外的心理動力。

實驗二啓發我們：內部的記憶不易取代，我們稱爲第二種「識」。

加起來，憑什麼說「以識破識」效果有限呢？

前一個「識」相當於積極的理念，後一個「識」相當於煩惱的念頭；前一個「識」被阻礙在大腦之外、不易進入，後一個「識」深藏於我們的意識內部、不易取代。雙方的地位如此不對等，勵志怎麼可能有效呢？哪怕是用正見去取代煩惱，哪怕是用眞理去取代謬誤！

當然「以識破識」還只是通俗語言解釋，如果再用現代心理學語言解釋，就是**大腦爲外來理念設置難以逾越的障礙——潛意識和習慣**。

好像東野圭吾的偵探小說，經過漫不經心的交代，終於出現了破案的線索，本書也終於迎來了反面角色——反面角色還不止一個，看來這是起共同作案。

潛意識

如果有人問，你的大腦中住著幾個「你」？

一般的回答是：那還用問嗎？就一個「我」啊。

我的回答是：起碼有兩個「你」，時常還會感到三個「你」。

這聽起來像不像精神病人間的對話？如果有朋友像我這麼回答，你一定覺得這個人是不是出了問題，需要立即去見心理醫生。但問題是，你從醫生那裡，會聽到與「病人」相同的說法。

這是因爲，多重自我，不管按自我、超我、本我劃分，還是按意識、前意識、潛意識劃分，早已是心理學上的共識。一百多年前，佛洛伊德就曾說：「在我頭腦裡面有一個人，但不是我。」他的弟子榮格也說：「我們每個人身體裡面都有另外一個我們不知道的人。」他們所指的都是潛意識。[1]

有人問：潛意識是不是西方常說的第六感（The Sixth Sense）？也是也不是。說它是，因爲第六感指的是非常規意識，而潛意識確屬非常規。說它不是，因爲西方人少算了一個數字：按照佛學的說法，常規意識包括六種意識（六識）：視覺、聽覺、嗅覺、味覺、觸覺、念頭，分別來源於眼、耳、鼻、舌、身、腦六個器官（六根）。這樣把非常規意識排在常規意識之後，潛意識應該叫第七感（The Seventh Sense）才更合理吧。

回到上面的對話，顧名思義，潛意識相對於意識而言，一個是不可控、不可覺知的神經活動，一個是可控、可覺知的神經活動。再加上前面介紹過，念頭也常常自稱爲主人，如此算來，不是在小小的大腦空間中住著三個自己嗎？

在這三位中，念頭不是你，但意識與潛意識確實是你。

最早明確使用潛意識一詞的，不是佛洛伊德，而是英國學者威廉．卡朋特，他如此形容大腦中的兩個系統：「兩股完全不同的精神活動，像兩列並行的火車，一個是意識，另一個是潛意識。」[2]多麼形象，「並行」很適切地暗示了兩者不是非此即彼，而是同時存在。

那麼這兩列火車，哪個爲主呢？潛意識。

首先，它負責了我們的基本生存功能，方法是讓這些功能自動化。試問，夜裡睡覺的時候誰負責呼吸、心跳呢？你肯定說是自己啊，可具體說來，是自己的哪一部分呢？在無夢睡眠之中，身體是休息的，念頭是休息的，意識也是休息的。忘記在哪裡看過一個很好的說法：「如果呼吸需要提醒的話，那我們很可能早就忘記呼吸了，就像我們經常忘記很多事情一樣。」謝天謝地這沒有發生！

其次，它讓我們對外界做出最快反應。當遇到威脅時候，腎上腺素的自動分泌會觸發全身緊張，讓動物本能在最短時間啓動——或能全力迎戰，或拔腿就跑！比起非洲大草原上其他競爭對手的實力，對我們祖先而言，拔腿就跑可能比全力應戰更重要，見到獅子的時候，大腦還來不及想，腿已經不由自主抬起。可見不是意識，而是潛意識，才讓原始人類生存了下來。

最後，它比意識承擔著更大份額的工作。我們每天的行、住、坐、臥中的大部分動作，看似輕鬆而漫不經心，實際都被潛意識默默地承包了。如佛洛伊德所言，潛意識控制著我們的生活，可能有人不願意承認這點：「不對，醒著的時候自己很有意識啊。」其實即使醒著，我們意識到的內容也非常有限，因爲身體中要處理的雜事太多。

打個比方吧，大腦就好像龐大的通用汽車公司，在裡面，意識好比幾十個人的董事會，潛意識好比下面的十萬名員工、上百萬個制度、上千萬個流程。誰在運行這個通用公司呢？眞很難說。好像每次出鏡的都是董事會成員，其實他們只負責公司百分之一的非常規事務，美其名曰重大決策，而公司中百分之九十九的事務都屬於常規事務，是由下面的員工根據制度和流程在自動完成的。比如交煤氣費、交水電費這些雜務，董事會知道嗎？比如流水線上裝配的技巧和方法，董事會知道嗎？比如遲到早退的規定，董事會知道嗎？答案是：董事會都不知道，也不需要知道；如果都知道的話，董事會就崩潰了。說實話，通用公司每年生產的一千萬輛車與董事會關係眞不大，證明就是如果董事會放假一年，估計明年的產量還是一千萬輛。這都要感謝通用公司的基層員工以及通用公司從一九〇八年以來積累下來的流程和制度，恰似潛意識爲我們所做的工作。

好，潛意識理論解釋了潛意識是正見的障礙，可第一章中的認知理論又講正確意識的重要性，是否矛盾呢？

認知理論關於我們大腦中的「第一輛意識的火車」，它告訴我們：意識是重要的，因爲積極的行爲來自積極的意識。

潛意識理論揭示了在第一輛火車後面，還隱形飛馳著「第二輛潛意識的火車」，它告訴我們：積極的意識並不容易獲得，因爲它受控於我們無法察覺的潛意識。

所以說，兩種理論並不矛盾，相反，幫我們明確了下面的兩個步驟：**首先，正見要進入潛意識，轉化爲正確的認知。接下來，正確的認知要指導實踐，轉化爲正確的行動。**

有了潛意識理論，我們才好回答前言中提出的問題：爲何理念來了又去，爲何煩惱去了又來？原因在於，理念深入潛意識的過程，自然不會像讀一本書、看一場電影、聽一堂課那般簡單。

我們並不是說所有的勵志都無效，也不是說所有的煩惱去了一定回來，而只是說：請降低預期。就像一場三流球隊對世界冠軍的比賽，再弱的隊也有偶爾進球的時候吧，但在大多數情況下，弱隊的比賽結果並不樂觀，如果把賭注全部壓於弱隊並不明智。同理，在勵志與潛意識的比賽中，前者無效、後者有效的可能性很大；明智一點的話，就該另尋辦法。

那如何才能讓理念進入潛意識呢？

說來有難度：之所以「潛」意識不是「顯」意識，就因爲找不到它啊。

習慣

我們看不見潛意識，卻能看見它的結果——習慣。

與潛意識一樣，習慣也和人類的本質有說不清道不明的關係。如亞里斯多德所說：「每個人都是不斷重複的習慣造成的。」也如蕭伯納所說：「人喜歡習慣，因爲造它的就是自己。」前者說的是人離不開習慣，後者說的是習慣離不開人。根據耶魯大學認知科學教授簡德樂所作的測試，希望改變習慣的學生超過百分之九十二。儘管這個願望能否實現將被證明是另一回事，但已說明了現代人對習慣的重視度。

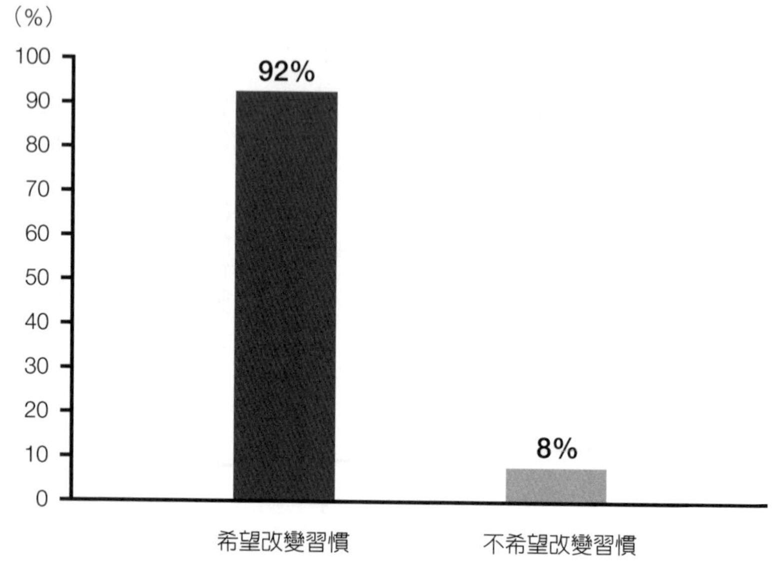

在我看來，習慣起碼應該符合兩個特點。一是簡單重複。回想一下什麼樣的動作最容易變成自動模式？很明顯，不僅要簡單，而且要重複，最好既簡單又重複。比如開車、洗澡、吃飯、走路等，大約佔用了我們清醒時間的三分之一；如果再算上睡眠，等於我們一天中的大部分時間；如果再折合到一輩子，等於我們大半個人生！

習慣的另一個特點是無意識（無覺知）。記得大腦中的兩個並行系統吧，習慣和潛意識歸屬爲自動模式的系統。而意識屬於新建模式的系統。大腦一旦識別某個動作可以重複，就會立即把這一動作劃入自動模式，直到在潛意識的控制下，被固定爲下一個習慣。

大腦如此識別的原因只有一個：節能。在長期進化的過程中，人體培養起許多省心省力的方法——省心靠潛意識，省力靠習慣。想想看，每次我們從外地回家，爲什麼都不由自主地感覺舒緩放鬆？因爲自己又見到了習慣的人、習慣的路、習慣的餐桌、習慣的床，總之，習慣的「狗窩」。相反，如果要去見一個新的人、做一個新動作、到一個新的地方，哪怕「金窩銀窩」，也會不由自主地勞神勞力，時間一長，又懷念起自己的「狗窩」。

不僅一個人，連一個社會都可以節能。如果把它看作一個人，就會發現按習慣運行的社會秩序良好、管理成本很低，比如新加坡和日本，而不按習慣運行的社會，民眾各行其是、管理成本較高，比如中國和美國。但這都不是最差的，比沒習慣還差的是按壞習慣運作的社會，某些非洲國家政變成了習慣，某些南美地區綁架成了習慣，那就很難好起來了。

也與潛意識一樣，習慣是正見要面對的另一座大山。

最明顯的是習慣行爲。比爾．蓋茨講過一個故事，來表達自己退休後的不適應。作爲世界首富的他，一直保持著親自開車送小孩上學的習慣，問題是他開車時經常走神，直到好幾次小孩在後座疑惑地問他：「爸爸，我們到微軟公司做什麼呢？這不是我們學校啊」。他才意識到，又開到了錯誤而習慣的目的地。

不太明顯的是習慣情緒。一般人提起習慣，往往以爲我們指的是某個動作。其實動作只是表象，背後的本質是意識上的慣性。比如很多恐懼症患者，一到夜裡獨處的時候就無理由地害怕，再比如有人排隊時，被後面撞了一下，就不假思索地發火，事後自己也可能後悔：怎麼就沒控制住呢？其實不是沒控制，而是爲習慣情緒所控制。

隱藏得最深的是習慣思維。比如我們一遇到某種場景，就引發自責、嫉妒、猜疑、後悔、憂慮，接著引發情緒上和行爲上的連鎖反應。這與之前的念頭有何不同呢？殊不知，零散的念頭一旦轉爲自動模式，就進入了「體制」；念頭本來速度就快，習慣性的念頭速度更快。所以說，習慣思維才是我們要對付的「念中之王」。

有了習慣的補充，我們才好解釋前言中提出的另一個問題：「爲什麼明白了道理，卻總做不到？」

原因在於：只要習慣在，道理就無法立即轉化爲行動。即使我們從認知上理解了，一旦走進生活的滾滾紅塵，又會不由自主地按照原有習慣行動，這就是爲什麼人們總呼籲知行合一，結果總發現知易行難的緣故。

是敵是友

潛意識和習慣，既可以是我們的敵人，也可以是我們的朋友。甚至成爲我們智慧的根基。想想是不是這樣：當我們在前面介紹潛意識和習慣的時候，把它們當成了頑固抵擋正見的大腦中的兩座大山，它們讓理念來了又去，讓煩惱去了又來。但這兩個頑固的敵人，不可以變成同樣頑固的朋友嗎？如果我們形成積極的潛意識，將不太容易受負面思潮的影響；如果建立良好的習慣，要脫離正軌也難。

「是敵是友」容易，「化敵爲友」很難。前者有關如何建立潛意識和習慣，後者有關如何改變潛意識和習慣。兩個問題需要分開來談。

如何建立潛意識和習慣呢？從前者入手恐怕不大可能，潛意識我們看不見也摸不著的；從後者入手倒有可能，習慣我們看得見摸得著。於是，兩個問題合併為一個問題：如何建立習慣？

常規方法很簡單：重複。重複等於習慣，而習慣改變潛意識，因此這是改變兩者的常規途徑。

講個減肥的例子吧。之所以以此為例，是因為沒有比體重與習慣的關係來得更為密切的因素了，也沒有比體重更讓現代人揪心的了，儘管我曾很長時間以為這個話題與己無關。原來拜父母遺傳，本人從年輕起就是個號稱怎麼吃也吃不胖的帥哥，可人到中年，卻變成了個怎麼吃都會胖的某總。這一前一後兩個「怎麼吃」，其實分別隱含著一系列生活習慣——都怪習慣惹的禍，只不過當時沒有察覺罷了。前幾年到醫院體檢時稱體重嚇了一跳：八十九公斤！雖然鏡子前的我仍然自信滿滿，但體檢的指數令人不安地一路超標。在醫生建議下，本人痛下決心，制定了三年的減肥目標——七十三公斤。長話短說，通過六年的努力終於達到了目標。這中間我做了什麼呢？改變了飲食頻率的習慣、改變了飲食品種的習慣、改變了鍛鍊的習慣、改變了起居的習慣，甚至改變了去洗手間的習慣。如此之多的習慣，難怪幾經往復、花了比預計多一倍的時間！

按說我應該慶祝了吧，不。就在我突破性地接近七十三公斤目標的時候，出現了一個意想不到的現象：在新的習慣下，減肥居然停止不下來了！我的體重不顧我的意願繼續下降：七十二公斤、七十公斤、六十八公斤……毫無疑問，本書的中間部分是作者在「皮包骨」的狀態下寫出的。這時我才發現，不僅減肥需要習慣，連停止減肥也需要習慣！於是，我急踩煞車般再次調整各種習慣：飲食頻率的習慣、飲食品種的習慣、鍛鍊的習慣、起居的習慣以及（非常重要的）去洗手間的習慣。終於體重在六十六公斤打住，慢慢回升到正常標準。經過這番折騰後，一個驚人的好處是，現在這位帥得不得了的叔叔不再需要體重計了，有習慣在幫我看著呢：七十三公斤。

結論是：建立潛意識、建立習慣，方法在於重複。

接下來，如何改變潛意識、改變習慣？

那就連常規方法都沒有了。因爲大腦的設置是，它們一旦建立，就是爲了重複下去、不再改變。兩個簡單的證據是，我們不容易勸說一個暴力分子去信教，反過來也很難強迫一個佛教徒去殺人。

比如，我身邊有多次戒煙、年年戒煙的朋友，這些朋友勇敢地面對壞習慣，屢敗屢戰，屢戰屢敗（更別提在戒毒第一線戰鬥的眾明星了）。過程大致如下：首先命令無效，比如自己今天跟自己說一百次「立即戒煙」，明天就會戒煙成功嗎？沒聽說過。事實上，今天還可能成功，明天卻一定失敗——勵志的保質期是短暫的。其次警告無效，我們無數次被煙盒上的字提醒「吸煙有害健康」，不仍然視若無睹嗎？恐怕如此，因爲我們未必眞心認同這有什麼大不了——勵志的效果是有限的。最後用新習慣取代舊習慣無效，比如我們今天嚼口香糖、明天嗑瓜子，好像它們都與抽煙並不矛盾。

普通人如此，以理性和毅力著稱的精英們是否好些呢？回到耶魯大學簡德樂教授的測試，她接下來的問題與如何改變習慣有關：既然最常見的方法是自我認知，有多少人可以說服自己堅持做到呢？答案是百分之三十五，其餘分之六十五的耶魯精英承認——自己的認知無法改變自己的習慣。

馬克．吐溫說：「習慣是很難打破的，誰也不能把它從窗戶裡拋出去，只能一步一步地哄著它從樓梯上走下來。」至於怎麼哄它下

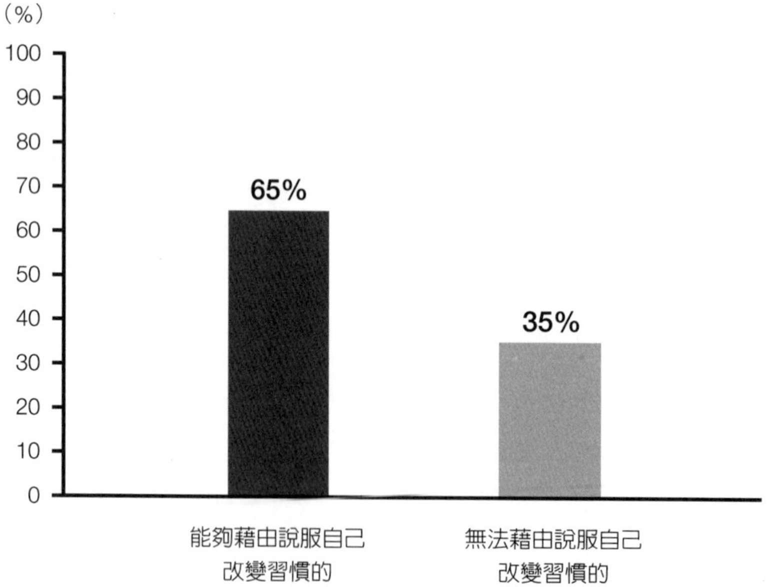

來，吐溫先生沒有講。事實上，轉化習慣的成功率，就像轉化人的本質那般難測。

結論是，**改變潛意識、改變習慣尚無常規方法**。

各位會好奇：這是否暗示還有非常規方法呢？的確。本書改變潛意識和習慣，絕非空談，那是一種需要鍛鍊才能形成的特殊能力。之所以在這裡先講清楚什麼做得到、什麼做不到，爲的是打消各位走捷徑的幻想。

修心沒有捷徑

在理解了潛意識和習慣的障礙之後，我們自然容易理解：修心沒有捷徑。

太遺憾了！我們對捷徑有種天生的熱愛。現代生活如此忙碌，很多人恨不得一步當兩步走，恨不得一輩子當兩輩子過。這本無可厚非，唯一的問題是，捷徑解決不了問題。

既然從心裡難以接受這種事實，有人一聽說「沒有捷徑」，就準備逃避了。記得在第一章中，我們分析了面對煩惱的三種態度——改變認知、改變環境和逃避。前兩種選擇我們已經討論過了，現在討論下最受歡迎的第三種選擇——逃避。

試問，當大家面對難以解決的困難、心生煩惱的時候，會不會說「我要修心」呢？不，根本別指望！最省事的辦法就是把頭埋進沙子裡。尤其當提到下面要實修的時候，很多朋友就像魔術大師，一個藉口就能讓自己神奇地從舞臺消失。其實，我們所謂的實修，倒不是要承受什麼身體之苦，但畢竟要付出一定的時間和精力。

當然，這些朋友不會直接說「我要逃避」，他們會用更巧妙的方式，或者問：「沒有更簡單的方法嗎？」或者問都不問：「我自有更簡單的方法。」

有趣的是，當我寫到這裡的時候，在網上看到一個小統計，好像誰在配合本書進行問卷調查似的，主題是：「你如何克服負面情緒？」

選項	統計
看電視、聽音樂	63%
睡覺	55%
上網	40%
旅行	34%
聊天	25%
靜思	23%
聚會	7%

從結果可以看出，看電視、聽音樂居首，然後依次是睡覺、上網、旅行、聊天、思考、聚會。在七個選項中，除了思考歸類於糾正認知外，其餘六項既不屬於糾正認知，也不屬於解決問題，那屬於什麼呢？如果稱爲逃避，各位不會心服口服，那就稱之爲放鬆與轉移吧。

首先要澄清的是，放鬆不等於平靜。

前者是一種身體狀態，而後者是一種心靈狀態，兩者相關但不等同。想像一個典型例子吧，憂鬱病人把自己悶在屋裡，外表很平靜，大腦卻「亂如麻」。也就是說，**內心平靜一定會讓身體放鬆，但身體放鬆未必一定會讓內心平靜**。對於特別疲勞的人來講，放鬆確有一定的平靜效果，只是效果未必長久，而對身體並不疲勞卻一天到晚惦記著要「去哪裡輕鬆一下」的朋友來說，心靈不會因放鬆而提升。

接下來要澄清的是，轉移也轉不來平靜。

它既改善不了環境，也改善不了認知，當我們從轉移中回到現實，就會發現煩惱仍在原地等著。更糟糕的是，有時我們不管轉移到哪兒，就把煩惱隨身帶到哪兒。作家拉爾夫・艾默生如此調侃自己的經歷：「我收拾好了行裝，擁別了朋友，去出海旅行，當我在那不勒斯醒來的時候，發現躺在我旁邊的，仍然是那個我試圖逃離的、悲傷的、苛刻的、一模一樣的自我和現實。」當很多朋友到麗江或西藏散心，是否也發覺類似的現實呢？

結論是，雖然這六項有暫時的療效，但它們都與我們的目標——平靜——沒有必然的聯繫。

此外，我再補充一下統計中遺漏的「捷徑」。

一種可謂壓制法。既要平靜，又要壓制，這不是很矛盾嗎？確實，這不是平靜的方法，而是高壓鍋、炸彈的原理。除了日本社會要求每個公民都這樣做以外，我們周圍也都有朋友迷信這種方法，一旦遇到更大的煩惱，就苛求自己加壓再加壓，但願不要超過高壓鍋的限度。

還有一種可謂充電法。短期充電是去上培訓班，長期充電就是去「再學一個專業」、「再拿一個學歷」。不知道爲什麼，總有年輕人一旦在社會上遇到迷茫，不管失業還是失戀，就採取與眾不同的解決辦法——重回課堂，好像課堂裡有人生答案似的，好像考試可以讓心靈畢業似的，其實這何嘗不是一種注意力的轉移。

如果因爲自己發現遺漏了某種特殊技能，那回學校充電一下無可厚非，但如果僅僅是因爲自己在社會上迷茫了，或者太煩惱了，那多幾個證書不會解決問題吧，起碼答案是「不清楚」。但有時正是那種「不清楚」的感覺，催促著充電者匆匆趕回學校，他們心裡一定在想——知識就是力量。

眞的嗎？對物質世界而言，知識有用不假，但對精神世界來講，知識不等於智慧。就像一台手機的功能那樣，比「多充電」更有效的，或許是「待電久」吧。我們要讓心靈這部手機，在煩惱中「待電久」，就要學會自我平靜。

一句話，沒有捷徑！放鬆、轉移、壓制、讀書、上課、看電視、聽音樂，都經不起「煩惱重來」的檢驗。

我們可以總結一下「爲什麼勵志不再有效」了，大致有五點原因：

第一，在理念之前缺少了覺知，這造成了念頭的審核者缺位；

第二，在理念之後缺少了實修，這造成了理念無法深入也無法鞏固；

第三，外在的理念不等同內在的智慧，更不等同運用智慧和鞏固信念；

第四，要將理念轉化爲智慧，就要越過潛意識的障礙；

第五，要將理念落實爲行動，就要改變舊有的習慣。

確切地講，並非「勵志不再有效」，而是單靠正確理念的勵志未必有效。道理很簡單：理念之前的工作沒有做、理念之後的工作沒做完！

確切地講，並非「勵志一定無效」，而是勵志效果難測。同樣很簡單：煩惱不斷重來、去了又來的事實提醒我們，如果缺乏完整的步驟，誰也不知道它何時有效、何時無效。

在某些情況下，甚至我可以宣稱：勵志完全無效！爲此，我準備了充分的證據，就在大家身邊的、大規模的證據。

6 爲何憂鬱不散

一個「勵志不再有效」的證據，就是憂鬱症和心靈雞湯同時流行起來了。

在我們周圍，勵志理念通過網路、電視、報紙、書籍、微信、簡訊鋪天蓋地而來，同樣在我們周圍，心理障礙頻發，憂鬱症變成了流行病。社會上出現了相互矛盾、交替上升的兩條平行線。

說來奇怪，心靈雞湯是代表正能量的，而憂鬱症是代表負能量的，兩者不應該此消彼長嗎？毫無影響。難道憂鬱症患者沒有被正面宣傳觸動嗎？不爲所動。

更奇怪的是，一些作爲正能量偶像的精英們，也在一夜之間得了憂鬱症，如果說這些人不夠正能量吧，最早是怎麼成爲偶像的呢？如果這些人充滿正能量吧，他們又怎麼還會得憂鬱症呢？

這解答了各位可能的疑問：怎麼我們講著講著「勵志不再有效」，突然跑到憂鬱的話題上了？很簡單，沒有比這種反差更能說明我們主題的了：勵志應該有效，事實上卻完全無效。

當然上述只是表像，要找出深層的原因，我們就要從奇怪的憂鬱症講起。

奇怪的抑鬱症

「聽說羅賓．威廉斯因爲憂鬱症自殺了。」

有沒有搞錯，這可是一位三次獲得奧斯卡提名的喜劇明星！在此之前，我們已經逐漸熟悉了明星們因爲憂鬱症而自殺的新聞。比如張國榮，向來以憂鬱情歌著稱，可以理解；再如三毛，感情比常人豐富太多，也可理解。但羅賓．威廉斯？他的名字卻從來是和哈哈大笑聯繫在一起的，從《早安越南》到《窈窕奶爸》，到《博物館驚魂夜》，我們這一代人要感謝他用笑聲伴隨了二十多年，誰會想到他會自殺呢？

不知從什麼時候開始，憂鬱症成爲一種流行，不僅在精英階層，而且在周圍的親友們中。以我這麼小的社交圈子，就有三五個憂鬱症的例子。其中之一是上次我回北京，父母告訴我，他們的一位老同事爬到樓頂上吊了，「她患有憂鬱症，一直想走，只不過這次家裡人沒有攔住。」另一個例子是我同事的嫂子，才四十幾歲，就因爲婚姻問題長期憂鬱，終於一天晚上跳樓了。最後一個例子是我的一個光頭小兄弟，他人倒是健在，只是誰都沒想到他會得這種病。這位光頭兄弟從農村出來後就一帆風順，才三十幾歲就做了管理幾百名下屬的老總，但他就一個毛病，目標太明確：對錢處於永不滿足的亢奮狀態。我因此經常笑話他財迷心竅。結果事業在四十多歲時突然出了麻煩，當然，還是錢惹出來的麻煩，和公司及周圍的人都鬧翻了。這下怎麼辦呢？往回走沒有臉面，但往前走又困難重重，過去的酒肉朋友各奔前程了，於是幾個月之內就從極度樂觀變成了憂鬱症。好在生病期間，我的弟媳給了他很大幫助，「成天跟著他」。在親情和醫生的幫助下，這位兄弟終於康復了，但願我的些許幫助也起過一點小小的作用。而且不幸中的萬幸是，經過這次打擊，他終於開始反思財迷的壞處了！

似乎越發達的國家，情況越嚴重——美國，每年有一千一百萬人患病，治療費超過二百億美元；英國，每年醫生爲憂鬱症開出一千六百萬份處方，付出八十六億英鎊的代價；德國，據衛生部統計，八千多萬人口中憂鬱症患者高達到四百萬；法國，每年有百分之八的十五歲至七十五歲的人群患有憂鬱症，相當於三百多萬人。

在這方面，中國也快速步入發達國家行列。根據北京大學精神衛生研究所提供的資料，中國憂鬱症的患病率約爲百分之十至百分之十五左右，與發達國家的統計結果類似。另根據「關注憂鬱症社會經濟負擔中國學術研討會」的報告，憂鬱症患者大約兩千六百萬之多。不是常常說我們是某某大國嗎？看來是不折不扣的「憂鬱大國」！這不能不令人深思：過去困難時期，大家都一門心思要生存下來，怎麼現在生活好了，反而一門心思不想活了呢？

第一要務是先定義清楚：憂鬱症是一種綜合疾病，憂鬱是一種心理狀態；因爲只差一個字，兩者很容易混淆：前者包括生理、心理、環境因素，而後者僅是其中的心理因素。

可按定義判斷太麻煩，有沒有簡單的竅門呢？在我看來，最好的試金石是欲望。之所以說憂鬱症是一種奇怪的煩惱，因爲其他憂、悲、惱、苦，好像都引發於某種欲望，理所當然被解釋爲「欲望的惡魔」。但我們問一個患憂鬱症的人想要什麼，卻好像完全問錯了對象，比如你問他：

「去看個電影好嗎？」回答是「不想去」；

「你不是愛吃韓國料理嗎？」回答還是「不想去」；

「你喜歡的那個女孩來電話了。」回答是「不想接」；

「你不是在床上都睡得頭疼了嗎？」回答是「不想動」；

「你的外婆去世了。」回答是「那好吧」。

還可以用下面的輔助判斷：當事人是否逐漸失去了原來對食物、娛樂、衣服、性欲的愛好；當事人是否逐漸遠離朋友、不想出門、甚至不再重視儀表；當事人是否精神恍惚、猶豫不決、萎靡不振。如果出現上述狀態，這位朋友可能就患上憂鬱症了。

難道欲望眞的消失了嗎？當然不是，那僅僅是表象。在無欲望的背後，憂鬱症患者的心裡埋藏著非常專注的欲望，我們勉強稱之爲人生目標吧。當這些朋友突然失去了對目標的希望，就產生一種陷入死角的感覺：往前看，看不到出路；往後看，都是自己的錯誤；往自己看，內心充滿了自責；往兩邊看，覺得每個人都過得比自己開心。希望不見了，活力也不見了，從旁人的觀察，都不理解這個人爲什麼愁眉不展，彷彿世界末日一般。

相反，如果某人仍然貪吃、愛美、享樂——對，就是還在東張西望、想放下書、找朋友玩的某人，那就不會是憂鬱症。但仍然不能掉以輕心。

憂鬱症最可怕的地方，在於它有太多的隱蔽性。

第一種隱蔽性是，憂鬱症看起來不是病。想想看，一個人的各種生理指標都正常，既沒發燒，也沒不舒服，爲什麼要去醫院呢？我們偶爾也覺得「最近不太開心」，可如果持續太久，就要想想辦法了。

第二種隱蔽性是，很多天生樂觀的人也會得這種病。這既讓當事人自己，也讓身邊的人完全沒有心理準備，措手不及。其實在事情發生之前，這些樂觀的朋友都把憂鬱症當花邊新聞來讀，覺得這不是離自己很遠的事嗎？即使到了憂鬱發生的時候，也容易處於麻痹狀態，一時片刻也不會聯想到是自己病了。

第三種隱蔽性是，憂鬱症會在很短時間達到高潮，這與其他疾病很不同。不管是心臟病或者癌症，多少有一些搶救時間，可憂鬱症患者一旦走向自殺，就沒有任何挽回的餘地，這就是爲什麼憂鬱症新聞往往顯得很突發的原因。根據世界衛生組織（WHO）的最新報告，在過去十年當中，全球每年約有八十萬人自殺，平均每四十秒即有一人自我結束生命。而憂鬱症的自殺率約爲百分之十至百分之二十五，是導致自殺的主要原因之一。所以不管察覺到誰有這種危險的念頭，我們都應該做件好事——第一時間伸出援手。如果不好意思直接講的話，就把本章當作禮物送去吧。

第四種隱蔽性是，這種病一般人很難理解，甚至試著理解也難。大多數人沒有意識到的是，自己在從小到大的過程中，對很多病情已經有了心理準備，可憂鬱症不在其中。比如我們小時候都得過感冒，因此很理解家人感冒的症狀；我們小時候都拉過肚子，因此很理解消化不良的難受；但有誰小時候得過憂鬱症呢？自然無法感同身受。

第五種隱蔽性是，患者從心裡排斥任何措施。他已經被負面的念頭完全籠罩，就像陷入泥潭的人一樣無法自拔，只能靠周圍的人幫助——在太晚之前。

關於這麼複雜的問題，我只想說明與本書主題相關的一點：它不像想像中那般簡單。想像中簡單到什麼程度呢？遇到憂鬱問題，一般人往往寄望於勵志教育，不是鼓勵，就是責備。這延誤了很多時間，而這正是問題所在。

別忘了，「勵志」可是我們迄今為止為憂鬱群體提供的最幫不上忙的幫助——「人生不是很美好嗎？振作起來吧！」也別忘了，「批評」是我們對這些朋友們經常說的他或她最不愛聽的話：「有什麼可憂鬱的呢？不要自暴自棄下去啦！」

勵志教育不僅解決不了問題，反而還會壞事，因為「大道理」固然出於好意，但要麼讓當事人更覺得自責，要麼讓當事人更覺得不被理解。兩種結果，都有違我們伸出援手的初衷。

其實各種煩惱的起因不同，我們對治的方法也應該有所不同吧。遵循對症下藥的思路，本書把煩惱分為三類：對源於念頭的煩惱，後面將介紹「觀念頭」的方法；對源於情緒的煩惱，後面中將介紹「觀情緒」的方法；而憂鬱被單列於此，是因為它不屬於普通的念頭或情緒——**在心理因素之前，還存在著更重要的生理因素和環境因素**。

最明顯的是生理因素。

「立即看醫生」，這是所有憂鬱症書籍的建議。如果沒有時間去讀所謂專業書，那記住這條就足夠了，其餘內容醫生會告訴你的。

然後「立即吃藥」。之所以催著看醫生，更重要的原因在於，只有醫生才有權開藥！近年來的醫學發現已經證明，患者大腦中血清素等神經傳遞物質的減少造成了生理紊亂，因爲發作以後的憂鬱症更主要是生理疾病，當然需要先吃藥才能緩解症狀。

還要「堅持吃藥」，旁邊人的任務是勸說吃藥。之所以要勸說，原因在於，當事人抑鬱到一定時候，連吃藥也會消極抵制，比如他或她會問：這個藥物的治癒率是多少啊？如果你說成功率是百分之八十，他或她就把自己歸類到那不成功的百分之二十；如果你說成功率是百分之九十，他或她就把自己歸類到那不成功的百分之十；如果你說治癒率高達百分之九十九，他或她就想像自己是那失敗的百分之一！因此這樣勸說吧：只有對思想家之類的天才，藥物治療才可能失敗；對你這位普通人，一定會成功！

除了生理因素，不太顯而易見的是環境因素。爲何憂鬱會長期、持續、反覆？最根本的原因在於環境。下面介紹的兩類人群尤其需要關注，他們所受的環境影響，一種是職業、職務帶來的，一種是集體、社會帶來的。

精英的煩惱

企業家、金融家、高管、明星、導演、校長、主任……這是理想職業的排行榜嗎？抱歉，這是精神疾病的高放榜。

有一種說法是「成功人士更容易得憂鬱症」，起碼並非天生如此。因爲我見過的成功人士大都是天性樂觀，身上的每個細胞都散發出正面的感召力。如果沒有正能量，難以想像這些人會一步步取得今天的成就。

但爲什麼會有這種似是而非的說法呢？我想主要原因是「精英人物」和「憂鬱症」兩個詞反差太大的緣故。在一般老百姓的眼中，這些人「該有的都有了吧」，或者「不看著樂呵呵的嗎」？其實倒不是這些精英人士眞缺什麼，也不是裝出的春風滿面，而是另有隱情，對某些人來講，甚至是註定的。

我先列出三點比較容易想到的解釋。

第一是所謂「爬得越高，摔得越狠」。他們擁有的越多，自然可能失去的也越多，尤其可能失去自己潛意識中非常看重的東西，不外乎錢、權、名、情。其實普通人也看重，但未必擁有，而精英人士不僅看重，且擁有得格外多，結果憂慮也格外多——有錢的怕失去錢，有權的怕失去權，有名的怕失去名，愛得死去活來的怕失去情，那些嘴上說不怕的，或者非常智慧，或者自己不清楚自己在說什麼。

第二是所謂「高處不勝寒」。他們的困難別人未曾遇到，自然無人理解。舉個例子，如果有人向我諮詢有關「事業不成功怎麼辦」、「找不著工作怎麼辦」、「交不到朋友怎麼辦」，我還可以排憂解難，但如果有人問我「如何當總理」、「如何拿諾貝爾獎」、「如何出席奧斯卡頒獎儀式」，我只能遺憾地回覆，自己真沒機會遇到，因此也無法理解這種煩惱。

比無人理解更尷尬的，是無人傾訴。倒不是周圍沒有人，而是沒有能讓自己放下自我的人。其實普通人有一項通常沒有意識到的福利，就是在自己不高興的時候可以隨便向朋友傾訴，但成功人士沒有這種自由，不僅他們自己覺得這麼做不符合自己的光輝形象，就連被傾訴的人也可能這麼覺得。

比無人傾訴更尷尬的，是無人詢問。好比我寫這本書的時候，有一些專業問題不懂怎麼辦？我就四處去問啊，打電話去請教啊，不僅我覺得很正常，對方也沒覺得不正常。要是換成名人請教一個問題，拿起電話之前恐怕要費不少思量吧？再遇到心靈問題，就更是放不下那個架子。這就產生了另一個問題，假若是普通煩惱還好，可假若真生病了呢？他（她）們更不好意思去看醫生，只好把難言之隱憋在心裡。

第三是所謂性格問題，不外乎偏執、自戀、完美主義。如果哪位同時具備這些特質，那麼恭喜你，根據成功學，你離飛黃騰達的時間不遠了，可晉升為成功人士後，你離憂鬱的時間也不遠了。憑什麼這麼肯定呢？因為上述性格加起來，既是一種「控制力」，也是一種「控制欲」。控制力讓人成功，對有限的方向有所掌握；而控制欲卻讓人抓狂，對無限的細節有所掌握。

以上三點常常被用來解釋精英人士的煩惱，如果媒體上出現某位精英人士心理問題的報導，十之八九不會超過上面的範圍。但我覺得還沒有說到關鍵點。

沒說到關鍵點可不行！要知道，精英們的智商都是比較高的，也是最會給自己找理由的。比起幫助一般人點到為止即可，要想幫助精英朋友，我們必須進一步觸到痛處才行。

第一點補充，有關精英們的思維能力，所謂「成也思維，煩也思維」。試想，精英們為什麼會成功？一定聰明過人吧。那精英們為什麼會煩惱？其實來自同一個源頭，念頭的能力比一般人強。對照一下本書的內容：關於胡思亂想，精英們回憶過去、幻想未來最多！關於錯誤的見解，精英們最固執己見！關於潛意識和習性，精英們的潛意識和習慣最難被改變！

強大的思維能力，既是精英們的財富，也是他們的死穴。各位可能感到奇怪，既然已經出現過這麼多精英憂鬱症的新聞，為什麼這些聰明的傢伙不提早做些準備呢？別忘了，強大的念頭在控制著他們的大腦，念頭所做的一切都在加強思維的能力。類似核子武器有效，但不能落入恐怖分子之手，積極的思維是好事，但哪天被負面思維佔領，要趕走負面思維，也將是難上加難的事！如果說「以識破識」對普通人效果有限，那對思維強大的精英人士就基本無效；如果說「勵志教育」對普通人的憂鬱幫不上忙，那對精英就只會產生更大的壓力。

第二點補充，有關這類人士的執著精神，所謂「成也執著，敗也執著」。精英們之所以成爲精英，源於對某種目標的執著，而精英們之所以會憂鬱，也源於對某種死穴的執著。十之八九，目標和死穴是同一個東西：比如一輩子爲財富拼搏的企業家、金融家，既會因爲對財富的執著登上富豪榜，也會因爲失去財富而臥軌自殺；再如，一輩子希望成名的明星、導演、作家，既會因爲對成名的執著產生靈感，也會因爲觀眾讀者的謾罵而患上憂鬱。

第三點補充，有關這類人士的自我價值，所謂「成也自我，敗也自我」。成功人士因爲成功而肯定自我價值，也會因爲失敗而否定自我價值，在英文中叫 Big Ego，在佛學中叫我執。成功人士自以爲更優秀，更容易產生我執。本節開始時講到，有些人以爲他們「該有的不都有了，該失去點就失去點唄」，殊不知很多精英們的憂鬱和焦躁，還真不是因爲失去了名、失去了利、失去了權力，而是因爲失去了更寶貴的東西——佛洛伊德稱作「失去愛」，愛的對象不一定是人，而是一種價值觀。

價值觀是從哪裡來的呢?潛意識。潛意識才是價值判斷的來源。所以不要以爲精英人士裝出來的瀟灑,他們無法意識到潛意識對自我的定位。比如一些官員說「我不看重這個身份」,甚至擺出一副可有可無的樣子,其實自己也沒察覺,在多年官場的浸染中、在別人的吹捧中、在自己的潛意識中,職位已經成爲了評判自己是否成功的標竿。再比如一些明星說「我不想出名」,但網評一差就崩潰,你說他在潛意識裡看重還是不看重名聲?還有些明星告別會都辦了不知多少次,一旦回家聽不到歡呼聲,又籌備辦復出了;能復出還好辦,更多時候無法復出怎麼辦?當這些擁有巨大聲譽、地位、財富的朋友,一旦發現失去他們潛意識中的人生價值,就覺得趣味索然。這當然是錯誤的,人生本來就不是潛意識設置的那種價值、那種趣味。

最後一點補充,有關成功人士的「淨相」。簡單地說,「淨相」分爲兩種:容易被察覺的是指責,不易被察覺的是比較。隨便舉幾個比較的例子吧:「我是好的,你是不好的」,「我是有道理的,你是沒道理的」,「我的方法是對的,你的方法是錯的」,「我的人生是有價值的,你的人生是沒價值的」,「我比你優秀,因此我應該過得比你好」。但如果別人比自己過得好了呢?那煩惱就來了。除此以外,淨相很重的人特別強調自己站在「有道理」的這一邊,因此特別愛用自己的「道理」引出煩惱。留待後面觀「淨相」的專題,我們再詳細分析。

理解了精英們也會憂鬱，一方面對普通人倒是個寬慰，煩惱是公平的，可另一方面，對煩惱中的精英，本書能幫上忙嗎？也能，也不能，可能非常有效，也可能完全無效。這取決於是你在控制念頭，還是念頭在控制你。

具體建議是加倍二字：本書中的所有概念，請加倍劑量地理解；本書中的所有方法，請加倍劑量地運用。原因很簡單：精英們胡思亂想的能力是別人的兩倍，因此需要的覺知和正見也是別人的兩倍。唯有如此，本書才能非常有效——那眞是作者求之不得的事！

日式的壓抑

我們要關注的第二種環境因素，隱患不在自己，而在集體。所謂集體，小可以到公司、家庭，大可以到國家、城市。既然劃分集體最容易的方式就是地域，那本章的例子難免涉及一些地域差異。在此需要聲明，僅爲差異，而非歧視。尤其我這個人一向反對歧視：我們都可能成爲歧視的受害者，因此誰也別歧視誰。

奇怪，怎麼一提到集體壓抑，我首先想到了日本。

日本給人最直覺的印象，就是整齊劃一。記得一個叫《ＭＩＢ星際戰警》（*Men In Black*）的科幻電影吧，我不是說日本人像外星人，我只想用「黑衣人」這個詞。在日本的街上，尤其高峰期間的地鐵站口，總能見到浩浩蕩蕩的上班人潮，與北京、紐約、巴黎的雜亂無章不同的是，在東京大阪見到的是清一色黑衣黑褲的人潮。日本朋友可能習慣了，感覺不出來，甚至反駁說：「其他國家的人也穿黑色西裝啊！」沒錯，但沒有一個國家像日本那樣整齊劃一。

還有一件事情很搞笑，就是經常有西方的朋友問我：「你能一眼認出中國人、韓國人、日本人嗎？」問這個問題的傢伙肯定覺得我們東方人長得一模一樣。我的回答是，無法從面孔，但可以憑技巧識別：比如，餐廳裡進來四、五個男人，清一色的黑西裝、清一色的黑包、沒帶女人和小孩的，估計是日本人。與之相反，就是服裝不一致、有男有女有小孩的，估計是中國人。介於兩類之間，就是服裝不一致、但清一色男人或清一色女人的，估計是韓國人了。

整齊劃一，與我們的主題有什麼關係呢？

它透露出來的資訊是不僅自己壓抑，還要求大家一起壓抑。之所以單獨討論集體壓抑，因爲它更容易令人麻痺，因而危害更大——本來環境因素要負很大責任，但當事人往往察覺不到這點，反而歸咎於自己出了問題。

這正是集體壓抑的秘密，使得抑鬱這件事被制度化了：社會規則、學校教育、文化習俗對個人形成了全方位的包圍；制度既合法又合理，甚至被稱爲美德。集體壓抑還導致集體麻痺，社會中百分之九十九的人會認爲壓抑正常，因爲從小就如此，父母也如此，社會都如此。如果你是那百分之一的另類，周圍的一切都暗示你，社會是正常的，你是不正常的，直到你也被壓抑出精神疾病。相關統計印證了這點：即使具備完善的醫療體系，日本仍然是世界上精神疾病最高發的國家之一。

這裡以「日式」作爲集體壓抑的代名詞，但不表示只有日本人才壓抑。只要你生活在一個整齊劃一的環境裡，被要求放棄一切個性，你就可能不自覺地承受著抑鬱的環境隱患。

有人會說：「集體主義不是美德嗎？」我覺得關鍵在於要掌握一個適切的程度。人是千奇百怪的動物，有千奇百怪的想法，整齊劃一對集體而言未必是件好事，對個人而言就肯定是件壞事。當壓抑超過了一定界限，甚至對集體也會變成壞事。

尤其對東方民族而言，我們兩千多年來都很容易走上集體壓制的道路。從秦始皇開始，他就試圖去統一語言、統一道路、統一思維，所幸最後一點還難以實現。時至今日，我們不還總看到社會上有些人爲專制叫好嗎？不知道這些人去參觀兵馬俑的時候做何感想，可否想過那七十萬被「劃一埋葬」的感覺。由此，我不得不爲陳勝吳廣這兩位自由思考的農民叫好。到了兩千年後的今天，當各位僅僅因爲意見不同而被「劃一」時，起碼不要像兵馬俑一樣原地不動。

回到擺脫壓抑這個話題，我倒不建議你揭竿而起，起碼還有另外一種選擇——惹不起躲得起：要解決生理疾病，可以吃藥；而要解決環境問題，就只有「移民」了。

奇怪，怎麼一提到不壓抑，我首先想到了印度。

與東京成田機場鴉雀無聲的秩序相比，孟買給人一種鑼鼓喧天的感覺。再有幸到訪恆河，我們心中的聖河，會發現洗衣服的、洗澡的、大小便的什麼都有。再更幸運的話，遠遠的上游還可能飄來一具屍體。有人解釋說，是印度熱的緣故：因爲熱，很多印度人橫七豎八地睡在橋洞裡面；因爲熱，很多印度人上班穿著拖鞋；因爲熱，很多印度人衣服穿得鬆鬆垮垮；因爲熱，很多動物都跑到大街小巷上了。我覺得有點道理，但也不對，看看新加坡更熱，卻沒這些現象！還有人解釋說，是印度宗教的緣故：因爲宗教，印度人相信來世，所以不重視現世的乾淨整齊；因爲宗教，印度人相信不垢不淨、垢與淨本質上沒什麼差別，聽起來好像更合乎邏輯。

不要以爲我在貶低印度，相反我在讚美積極的一面。看看我收集了一些報紙的標題，路透社報導：「全球消費信心下降，印度最樂觀。」《紐約時報》報導：「印度人是對經濟前景最樂觀的。」《華爾街日報》調查：「印度人對退休生活最樂觀。」

各種證據顯示，印度堪稱世界上最不憂鬱的環境了。哪怕一半左右的人口生活在沒潔淨水、沒下水道的條件中，印度人民也心平氣和，也認爲自己國家最發達！好吧，即便現在比美國還差一點，但不久一定會趕上！

憂鬱未發之時

排除了憂鬱的生理因素和環境因素，當然還剩下心理因素——揮之不去的憂鬱心情。但請注意：心情只是解決生理因素和環境因素之後的一步，如果不先解決生理因素和環境因素，僅僅改善心情將是無力的——這種情況下憂鬱自然不散。

有人會說：不對啊，心理治療有各種療法，如認知療法、行爲療法、精神分析療法、人本主義療法等等。沒錯，但首先不管哪種心理治療，都非幾句話可以完成，相反要按嚴格的流程進行；其次不管哪種心理治療，都是暫時的，而非長期的；在環境因素和生理因素的作用下，心理因素將不斷反覆——這種情況下煩惱自然重來。

更重要的是，不管哪種心理治療，都屬於事後解決，而非事前預防。

最持久的治療、最根本的預防，在於心理素質的提高。從這個意義上講，憂鬱的話題，不僅印證了勵志教育的無效，而且說明了心理素質的必要。

如何藉由心理素質的提高走出憂鬱呢？本書的方案大致如下：

首先，與念頭拉開距離——覺知。既然憂鬱的根源在於負面的念頭，那就要把這個制高點培養起來。

其次，糾正認知錯誤——正見。我們介紹了人生正見的三把鑰匙：既然憂鬱來自失落感，那就要感恩、講和；既然憂鬱還與對未來的預期有關，那就要活在當下。

接下來，提升心理素質——「心的鍛鍊」。既然光靠理念對憂鬱作用有限，那就要鍛鍊出一顆強大的內心。

再接著，控制負面思維和負面情緒——「觀念頭」、「觀情緒」。既然憂鬱是一種混合體，那就用「觀」的方法控制念頭和情緒。

最後，重新審視人生——「精進」。既然憂鬱症的可怕在於失去人生價值，那就要重新審視生活的目標。

前面兩步已經講完，後面三步尚未開始。

這裡是第一部分的終點。

從念頭需要覺知，到正見需要體悟，到煩惱爲何不散，到憂鬱爲何重來，我們得出結論——勵志未必有效，修心沒有捷徑。

這裡也是第二部分的起點。

雖然說勵志未必有效，但或許，克服潛意識和習慣阻礙有非常規的辦法？雖然說修心沒有捷徑，但或許，自我平靜需要更完整的鍛鍊？

請把下面的部分理解為勵志的進階課程吧。作家卡夫卡說：「一本書應如一柄冰斧，劈開心中冰封的海。」我剛指向冰山，還沒揮動我的冰斧呢。

【第二部】

平靜是怎麼煉成的

這部分將為你解釋幾個概念——

- 何為「正定」？
- 何為「正念」？
- 上述與潛意識與習慣的關聯？

還將為你解答生活中的幾個困惑——

- 如何控制負面思維？
- 如何控制負面情緒？
- 如何在生活中尋找平靜？

7 心的鍛鍊

聽說過「大山可挪移」吧？這是《聖經》中的一句話，讓我們期待奇蹟的發生。這次將奇蹟般被挪移的大山不在外部，而在內部，不是一座，而是兩座——我們頭腦中的潛意識和習慣。

各位可能猜到了，「讓大山挪移」的方法與第一部分介紹的覺知和正見有關，現在的問題是：

第一，我們希望正見成爲抵禦煩惱的智慧，如何讓它進入潛意識？

第二，我們希望覺知成爲控制念頭的制高點，如何讓它改變習慣？

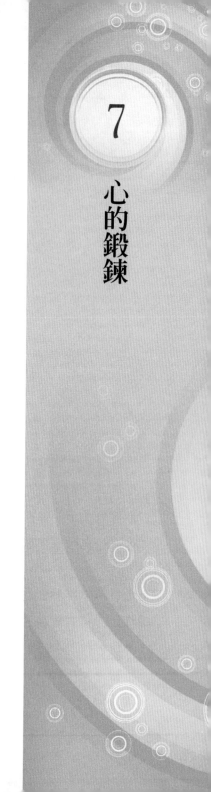

想想看，也只有人類才會給自己出這種難題。有史以來，還不曾有哪個物種擅自更改過上帝的「出廠設置」，假如人類眞能做到的話，一定需要非同尋常的能力。

本書第二部分，有關獲得這種非同尋常能力的非同尋常方法。如果各位只讀了本書的第一部分，那只是讀了另一本勵志書而已，儘管我仍然希望它是與眾不同的一本，但本書的目的不在理念，而在超越理念的實踐。

確切地講，理論與實踐，兩者均無法偏廢。如果沒有理論，實踐將走不了很遠；而如果沒有實踐，我們剛剛獲得的正見和覺知將來得快、去得快，談何改變潛意識、改變習慣？

所謂實踐，又分爲專項鍛鍊和生活應用兩種。就好比要強身健體，我們既可以去健身房跑步、舉重，也可以日常中勞作、搬運。話雖然這麼說，有些朋友還是從心裡抵觸專項鍛鍊，覺得實在抽不出時間怎麼辦？那也不勉強，你可以跳過下面三章，直接面對生活中的煩惱。雖然作者表示嚴正抗議，但這種跳躍並不會造成閱讀上的困難。

對於其他耐性良好的讀者來講，讓我們揭曉「平靜是怎麼煉成的」。

心的鍛鍊

理性地分析第一部分留下的問題，可以歸結爲一點：正見和覺知還不是我們內在能力的一部分。先看看覺知，它不是已在我們內部嗎？但它還太弱。再看看正見，它不是我們智慧的基礎嗎？但它在我們的外部。

因此，解決辦法也歸結到一點：如何把覺知和正見從我們的內部培養起來，讓它們變成我們精神能力的一部分。本書把這個過程，稱爲心的鍛鍊，即心理素質的提高。

這就容易理解了。因爲提起心的鍛鍊，首先要回答的問題是：「心」也有能力嗎？

答案是肯定的。類似身體有身體能力，精神也有精神能力，類似前者可以分解爲量化指標，後者可以分解爲非量化的指標。我們怎麼知道一個人身體好不好呢？從外部看這個人跑得快不快、氣色好不好、生病多還是生病少；從內部看這個人的肌肉能力、心肺能力、新陳代謝能力。類似地，我們怎麼知道一個人精神能力強不強呢？在外部，看這個人是不是容易受環境影響、辦事注意力集中不集中、感覺敏銳不敏銳；在內部，看這個人的**定力**、**覺知力**、**耐力**、**智慧力**、**信念力**。

這五種心理素質，不僅與生俱來，而且古有記載。古語稱它們爲「五力」，對應體內的五個部位「五根」（定根、念根、精進根、慧根、信根）。近代醫學印證，古人的猜測可能是對的——大腦的運行的確按照模組分工。

讓我們再用現代文字解釋一下。

所謂定力，就是向內收心、不受外界影響的能力。以前上學的時候，老師在每次開學前都要提醒大家「該收收心了」，就有收攝內心的意思。一個收攝內心的人，自然少受外界影響，也少起煩惱。因此，定力是一種天然的平靜力。

所謂覺知力，古時也稱「念力」，現在已經成爲現代人最不熟悉的能力了。它最重要的作用，是把我們從煩惱的過去、未來，帶回到平靜的當下。因此，覺知力也是一種天然的平靜力。

後面三種都不是天然的平靜力。

所謂智慧力，其實不僅僅是智慧，而且是智慧的能力，古時候也被稱爲「慧力」，更常提到的是它所對應的位置「慧根」。如何才能有智慧力呢？首先要有智慧，這就需要正見，其次要保持智慧，這就需要定力，最後要運用智慧，這就需要覺知力。因此，智慧力是正見、定力、覺知力的結果。

所謂信念力，古時也稱「信力」，既是堅持擇善固執的能力，也是堅信大山可挪移的能力，更是克服困難所需的不動搖智慧。因此，信念力是定力和智慧力的結果。

所謂耐力，古時也稱「精進力」，是精神上的持續力，必然建立在信念的基礎上。因此，耐力是信念力的結果。

由於外面流行著太多版本的「精神能力」，本書最好澄清兩點：

首先我們所講的，可不是什麼神秘莫測的「心電感應」或「心靈能量」或「氣場」。作者最反對也最反感這些玄而又玄的說法。與之相反，這裡的心理素質無需神秘即能體驗，並且每個正常人生來都具備定力、覺知力、耐力、智慧力、信念力這些心理特質，並且它們在現代心理學中也有所對應。

另外，近來冒出來很多開發大腦潛能的書，大意是說，人類只用了大腦的百分之十，另外百分之九十還有待開發。其實本書也是幫助開發大腦潛能的，應該被歸類爲時髦的大腦潛能類。但我們所關心的不是那沒開發的百分之九十，而是那開發而沒用好的百分之十——定力、覺知力、耐力、智慧力、信念力中的潛能。

這五種力加起來，就是常常聽說的強大內心吧。

看來這個流行詞並不神秘，不過是各種心理素質的組合。雖然不再神秘，卻並非小事，僅憑直覺也可以知道，如果一個人更安定、更覺知、更持續、更智慧、更精進，他或她的生活將會發生很大變化。所以我說，先別管那百分之九十不知何故一直沉默的大腦，更現實的選擇，是讓五種已有的心理素質強大起來！

甚至我們無須五項全面鋪開，只須開發前兩項就行。憑什麼這麼說呢？對照一下第四章中提到的智慧線就可以看出：這五種心理能「力」中的四種，實際上是「智慧線」中的轉化能力。

第一步作爲整個流程的源頭，正見轉化爲智慧，需要定力；

第二步從獲得智慧到運用智慧，需要智慧力；

第三步從運用智慧到鞏固信念，需要信念力；

第四步我們走向平靜，需要長期的耐力；

那覺知力呢？別忘了，它是整個過程的制高點，審核、控制著上面的所有步驟。

可見，關鍵在於定力的源頭和覺知力的制高點，再加上外來的正見，就會產生智慧力、信念力、持續力。打個比方的話，在心靈的花園裡，我們只需種下定力和覺知力這兩棵樹就好了，由於已經有了正見的營養，接下來自然而然會結出全部五種果實。

於是方向被聚焦到兩點：一要培養定力，二要培養覺知力。

接下來的問題是：心理素質的培養，非要採取「鍛鍊」的形式嗎？

答案同樣是肯定的。與身體素質一樣，人的心理素質既有先天因素，也有後天因素。遺憾的是，「練身體」大家都覺得正常，但「煉心靈」就很少人聽說過了，或許因爲不知道，或許因爲不重視。其實，強大內心的原理與強身健體的原理非常相似，讓我們來對照一下。

首先，就像健身的目標是魔鬼身材和長命百歲一樣，健「心」也有目標。我們剛剛明確了定力和覺知力兩大目標。

其次，就像健身有一定的流程一樣，健「心」也有一定的流程。假如各位剛去健身中心，請不要一上來就東抓幾下啞鈴、西做幾下仰臥。更穩妥的辦法是先請健身教練制定下計畫：一是身體部位的次序，優先肌肉，心肺，還是體重？二是健身器材的次序，先用跑步機，啞鈴，還是平墊？三是時間的次序，哪幾個階段，哪幾個目標？如此才能少走彎路。同樣的邏輯也適用於「心」的鍛鍊。

最後，就像身體鍛鍊需要時間一樣，健「心」也需要時間。想想看，爲什麼我們把整個過程叫「自我平靜的鍛鍊」，而不叫「心的領悟」或「心的飛躍」？因爲它並非一蹴而就，好似恍然大悟那般簡單。相反，它包括五個步驟，這都需要時間，才稱得上鍛鍊。

看看，健「心」和健身很相似吧？

其實這個問題的起因在於，提問的朋友——基本上所有朋友都——把讀書當成了修心，他們覺得花時間讀本書就算善待心靈的了，但那頂多算養心，想想看，雞湯雖濃、雖香，但靠喝雞湯能讓身體強壯起來嗎？恐怕不能。同樣不能的，是靠心靈雞湯讓定力和覺知力強大起來。在這點上，漢字給了我們足夠的啓發——修心、修心，不經過修煉，怎麼算修心？

平靜，是可以煉成的。平靜，是不練不成的。

兩種狀態

即使簡到極簡，我們的方法也包括兩種狀態和兩個練習。

先說明一下來源。

從一定意義上講，大師們都是走極端的天才：

你看，科學大師愛因斯坦做的是極快的實驗。他發現當速度快到和光速一樣的時候，可以看到世界的眞相。什麼眞相呢？他的相對論宣稱：時間和空間隨著速度可以扭曲。

再看，佛學大師悉達多正好相反，做的是極慢的實驗。他發現當速度慢到一切歸零時，可以看到人類的眞相。什麼眞相呢？他的佛學宣稱：「覺性」隨著「入定」可以顯現。

悉達多的實驗，就是我們方法的依據。

佛陀的方法，原本像清水那般質樸無華；遺憾的是，在兩千多年的傳播過程中，變得龐雜而模糊，更遺憾的是，變得不必要地神秘。直到今天，情況才再次轉變：多虧了考古學的進展，人們恢復了佛陀本人的原貌；多虧了新時代的理性，人們分清了宗教、哲學、心理學；最後多虧了心理學原理，人們發現心的鍛鍊並沒那麼神秘！

如何讓佛陀的方法返璞歸眞呢？我想還是要簡化、通俗化、現代化。尤其是簡化：如同在第一部分，我們忽略了百分之九十九的佛學理論，僅保留了最重要的**覺知和正見**；類似地，在第二部分，我們也將忽略百分之九十九的佛學實踐，僅保留最「眞實有益」的**正定和正念**。[1]

在所有佛學概念中，正定和正念，是最難理解的兩個，也是最重要的兩個。難理解在於，它們來自古老的方法；而重要性在於，**方法比理論難得**。想想看：誰不知道定力好呢？難度在如何提升定力；誰又不知道覺知力好呢？難度在如何提升覺知力。假如沒有方法實現，那理論無異於空談，而本人最不喜歡空談。

何爲正定？

我們已經講過「定」——將向外的注意力拉回身體內部，達到一種清醒而專注的狀態。這次我們在「定」的前面增加了一個「正」字，即正見的意思。別小看這一字之差，因爲「正」，「定」才變得與智慧有關。兩個字加起來，**正定是一種「帶著正見入定」的狀態**。

何爲正念？

如果問朋友這個問題，常見的回答是「正確的念頭」，那麼請告訴這位朋友：「恭喜中獎了，因爲兩個字全猜錯了」。

這裡的「正」不代表正確，而代表專注，它取自「正」字中正面面對的意思，類似正面衝突的正面。這裡的「念」不代表念頭，而代表覺知。兩個字加起來，**正念是一種「專注的覺知」的狀態**。

你可能好奇：難道覺知還有不專注的狀態嗎？是的，既有注意力集中的叫作正念；也有注意力不集中的叫作全然覺知。不過在多數情況下，我們的覺知都帶有一定的方向性，因而屬於前者。

既然找到了正定和正念，那我們能不能趕快開始呢？不行，**要進入這兩種中間狀態，我們還需要兩種練習**。

兩個練習

幸運的是，古人留給我們很多種實修的練習——有來自中國的，有來自印度的，有經過改良的。難度不在於找不到，而在於找到太多——你說都有用吧？多數沒用，你說都沒用吧？又好像部分有用。讓我們大致篩選一下。

什麼練習可以啓動正定狀態？

只有一種選擇，靜坐。靜坐有很多名字，也有很多種類，某些大師會爭辯說自己的靜坐「極爲殊勝」——自己的「靜」是不同的靜，自己的「坐」是不同的坐。其實我以爲，初學者對細微差別大可不必區分；只要符合靜心的原則，所有靜坐練習一律殊勝。（難免招來抗議：殊勝不能一律，只能一個，就是我！）

如此建議的理由在於，各種靜坐練習側重不同，但要素相同。哪些要素呢？一靜、二坐、三不想。

首先，「靜」是前提條件——正定只能在靜止狀態下實現。

其次，「坐」是最可行的姿勢——常見的姿勢，不外乎坐著、站著、躺著、趴著，其中躺著、趴著容易睡著，站著容易疲勞，都難以深度入定。

最後也最重要的是「不想」。光環境「靜」不夠，光身體「坐」也不夠，甚至連靜與坐都不夠，必須加入至關重要的精神元素「不想」才夠。

由此我們才得出**「靜坐」練習的全部含義——安靜地坐在那裡，什麼也不想**。這是第一個、進入正定狀態所需的練習。

接下來，什麼練習可以啓動正念狀態呢？

理論上很多種，甚至無數種，原因在於正念的兩個要素——專注和覺知——都不存在身體限制，既可動態，亦可靜態——佛陀要求我們在行、住、坐、臥中進行，但具體到實踐，無論哪種姿勢，都可以統稱爲「自我感覺」的練習。這是第二個、進入正念狀態所需的練習。

對古老的方法，我們最好做些現代的澄清。

首先毫無神秘可言。正是由於過去被宗教人士賦予太多神秘色彩，其理性價值才被掩蓋。本書僅僅把正定和正念當做心理狀態，也僅僅把靜坐和自我感覺當做心理練習。

其次未必符合古代定義。我們所講的修心方法，已經做了不少改良，如果在前面加上「現代」的用語會更合適些。

好，藉由兩個練習，進入兩種狀態，看來心的鍛鍊並不神秘。

定與覺

眞的嗎？有人會追問：什麼原理呢？

理性的朋友會想：心是有能力的、能力是可以鍛鍊的、鍛鍊是有方法的，這些都好理解，但鍛鍊的方法——正定、正念、靜坐、自我感覺，與鍛鍊的目標——定力和覺知力之間，有怎樣的機制呢？換句話說，爲什麼兩個練習能實現自我平靜呢？

如果不講清楚其中的原理，恐怕我們說不神秘也神秘。如果各位去請教高僧大德，就會發現這個問題本身就神秘，神秘到他們往往避而不談的地步。事實上，你也猜不出他們是不願回答，還是不能回答，因爲大師們總讓你「自己悟」！雖然這招百用百靈，但學生實在「悟」不出來怎麼辦呢？

更何況，對上知天文、下通地理的現代人來講，盲從的機率越來越小。每位初學者心中都暗藏著一個大大的問號：眞的有用嗎？

因此我以爲，要讓佛陀留下的方法煥發新生，爲現代人接受、讓現代人受益，最好的辦法是揭示其與現代科學不矛盾的機制，而非像電影《臥虎藏龍》裡的絕世武功。這樣做的好處是：對於讓自己受益的事，現代人勸都不用別人勸，自己就會躍躍欲試吧。

比如我猜測，能拿起這本書、讀到這裡的各位，是不是就很想知道正定和正念的奧秘？

先用傳統語言描述下這種機制，答案在於：

從靜坐練習，進入正定的狀態，可以培養我們的定力；從自我感覺的練習，進入正念的狀

態，可以培養我們的覺知力；隨著定力和覺知力的提升，自己的另外三種心理素質—智慧力、信念力、耐力—也將得到提升。也就是說，藉由兩個練習、兩種狀態，我們的目標——全部五種精神能力——都將提升！

讓我們把兩種練習、兩種狀態、兩個目標對應起來：

定的方法：靜坐練習——正定狀態——提升定力

覺的方法：自我感覺練習——正念狀態——提升覺知力

各位會想：這麼巧？剛剛才找到心理素質的兩大目標，居然這麼快就找到了方法？就像在擁擠的停車場中，別人繞圈找車位，而我們一進場就空位現前。又像作者第一次找工作，投遞二百九十九份簡歷無人問津，居然在第三百次時遇到某公司面試官問我：「現在唯一的問題是，你願不願意來這裡工作？」作者立即要求「請重複問題兩遍」！上述機遇都好到令人難以置信。

不過這次可以置信！理由是，先有存在，後有認識，再有實踐；在我們的主題中，先有心理素質，後有心理素質的狀態，再有提升心理素質的練習。就像先有大山這個實體，才創造了「大山」一詞，然後找到了通往大山的路，同樣，定力和覺知力是人類的根本素質——好比大山；正定和正念是對應的心理狀態——好比認識大山；靜坐練習和自我感覺是對應的心理訓練——好比通往大山的路。

所以說，不是巧，而是幸運！我們很幸運地找到了「強大內心」的機制。

好心的讀者不免為作者擔心：我們在第二部分的一開始，已經把方法講完了，下面還講什麼呢？別擔心，還有鍛鍊的細節、還有生活的應用、還有心理學的解釋——都是第二部分後面的內容。

對本書而言，尤其心理學的解釋是必要的。

想想看，為何古老的智慧總讓人覺得神秘？主要是因為機制不明。可如果追問，為何機制不清？除了老師不願意講或不能講的人為原因外，還有一個現實原因：講不清。

德國哲學家維根斯坦有句名言：「關於無法談論的事物，只能表示沉默」，這是因為人類創造的語言、邏輯有其自身的限制；頂多接近眞相，無法達到眞相。舉個例子吧，不知道各位吃沒吃過一種叫作「新奧爾良烤翅」的所謂垃圾食品。其實一點也不垃圾，相反很好吃。由於一位朋友百吃不厭的緣故，我也陪著品嘗了幾次，邊吃邊想：怎麼向沒品嘗過的人形容這種「新奧爾良」的滋味呢？還眞很難：它有點甜，但不全是甜；有點鹹，但也不全是鹹；裡面有點膩，又有一點鮮，難怪用「新奧爾良」的用語來代表了。本書要描述的正定和正念也類似：如此感性的概念，如何用理性去講！把它們描繪得神乎其神、玄而又玄並不難，難的是如何描繪得眞實，還讓現代人理解，兩項加起來就不容易了。有靜坐經驗的讀者還好辦，因爲自己就有體會；否則的話，就只能用「新奧爾良」般的文字描述給沒去過肯德基的人聽了。

雖說講清楚有難度，但這不應該成爲拒絕語言、否認邏輯的理由，原因很簡單：接近眞理，總比坐在那裡不動要好！佛陀本人早已做出表率，在佛教的原始經典《阿含經》中，詳細記載著他對「定」與「覺」不厭其煩的描述。但很遺憾，隨著後期佛教的神秘化，「講」居然變成了一件諱莫如深的事——從講不清變成禁止講了。

因此現狀是：一方面，如果不願講、不能講、講不清，那自然沒有答案。可另一方面，佛陀又確實提供過答案、現代人也確實需要答案。因此，本書希望略盡的微薄之力是，爲各位講清楚其中的答案，與心理學不矛盾的答案。

目標、狀態、練習、我們爲「心的鍛鍊」規劃了方向。重要的是，方向指往一條理性的修心之路。你看，相對於模糊不清的古老經文，正定和正念是可以解釋的；相對於我們的煩惱而言，靜坐和自我感覺的練習是可以操作的。結果證明其有效：每一位習慣上述方法的人都有著共同的回饋——受益良多。

這就引出了一個問題：按說已經流傳了上千年之久的方法，實在不應該叫流行，可正定、正念、靜坐、自我感覺等方法，確實是直到近來才在歐美國家「流行」起來的，眞可謂世界上最慢的慢熱。什麼原因呢？

這就牽涉到古爲今用的大課題了。

古爲今用

對於來自古老東方的傳統文化，人們一直心存很多的不解。總結起來有幾點不利因素——文字的不同、歷史的差異、理念的衝突——都凸顯出古爲今用的難度。

這裡的「古」，指的是東方傳統文化——主要包括孔孟代表的儒家思想，佛陀代表的佛學思想，老莊代表的道家思想。假如有人質疑東方文化間的區別，開句玩笑來說，我從來沒有把佛陀當作過印度人：他的經典幸好被中國完好保存，他的理論幸好與中華文化的精髓不謀而合，所以我一直把佛陀當作我們中華文明大集體中的一部分——除了在韓國可能引起爭議外，估計宗教過剩的印度人民倒未必反對。

在請各老重出江湖、在爲佛陀辦好身分證之前，我們先得回答一個問題：需要費這番古爲今用的周折嗎？有些年輕人問得更直接：「iPhone 一代還需要去翻那些老古董嗎？」

我想答案是肯定的。本人既相信科學，也推崇傳統。翻一下本書各位就會發現，書中的問題都是科學提出的，書中的答案都是傳統提供的——前面介紹的感恩、講和、當下，深具中華思想的特徵，而本章介紹的兩種狀態、兩個練習，則傳承了印度佛教的方法。既然答案比問題重要，那麼可以說，本書的源頭在古老的東方。

科學有這些思想嗎？沒有，否則早作爲本人的首選了。

科學有這些方法嗎？沒有，起碼還在摸索之中。

進一步追問：爲什麼非常發達的科學還不夠呢？答案在於，現代科學從自然哲學的邏輯演變而來，存在著某些先天不足，恰好可以爲東方文化所補充。

首先是邏輯上的補充，西方科學比較強調局部，東方傳統比較強調整體。心理學家榮格似乎同意這點，他說：「東方人的心靈在注視一種事實的總體時，原樣接受；而西方人的心靈卻要把它分爲實體，分成小質點。」相對於西方醫學擅長將大腦大卸八塊，模糊不清是西方的弱項，恰恰是東方的長項。

其次是語言上的補充，西方比較強調理性，東方比較強調感性。如果說本書的第一部分側重現代科學、用詞比較理性，那麼第二部分引入東方傳統、用詞會比較感性。好在，作者最反對一切玄而又玄的東西，因此對凡能訴諸於文字的感覺，都費了不少筆墨說明，哪怕像神秘的「定」與「覺」，我們不也試圖讓它們從天上降到人間嗎？

尤其在人的心理這麼微妙的課題上，西方文明更需要來自東方的補充。應該講「互補」還是個過於客氣的詞，從兩千多年前的春秋戰國時期開始，諸子百家們就透過內心自省，在天下大亂中安頓身心。記得余秋雨先生說過（大意是）「我們的歷史最血腥，最暴力，因此我們的祖先要生存下來，內心也最強大，最堅忍。」結果就影響了東方倫理學和心理學的走向，在兩者的交叉領域，東方始終於領先西方！

既然平靜心靠不上西方科技，那就從古老東方的智慧中尋求方法吧，最好的證明是，以減壓爲目的的靜坐練習，正在重新引起世人的興趣。猜猜誰在引領這股潮流？正是科技最發達、思想最現代的歐美國家。

讓我們分析一下西方世界正在流行的幾種事物——減壓靜坐、心理醫生、抗憂鬱症藥物。說來奇怪，減壓靜坐在東方已經有了上千年的歷史，而心理醫生從一百多年前的佛洛伊德就開始了，爲什麼近年來突然成爲一種潮流呢？因爲它們都與現代人面臨的精神壓力有關。再深究下去，現代人的精神壓力一直存在，爲什麼會在這幾十年急速加劇呢？答案與世界上正在發生的兩件大事有關。

一是資訊化。資訊時代帶給我們的是一種持續而緊張的壓力，持續到二十四小時不斷的地步，緊張到無法放手、愛不釋手的程度。按說資訊時代帶給我們的好處是資訊，但其中絕大部分是海量的、無關的資訊，這些垃圾資訊每時每刻都在培養著胡思亂想的能力，可謂念頭最愛吃的菜。回想二十年前，別人要騷擾到自己多不容易！到了 www 時代，起碼我們還可以決定需要哪些資訊、不要哪些資訊。再到手機和簡訊，大家就二十四時暴露在資訊的追蹤之中了，難怪產生一種輕度的緊張感。發展到社交網路，我們每次收到微信、看到臉書，都承受著無形中的壓力。更可恨的是，現在已經手機網路一體化，眞憑一個手指，就可以令人、令己妄念紛飛。

二是全球化。怎麼「世界是平的」也成了壓力問題呢？因爲要把這個本來高低起伏的世界變平，從低變平還容易些，從高變平就很痛苦。在全球化的過程中，以前富裕的國家相對地變窮了，以前窮的國家相對地富裕了，可謂一次空前的財富重新分配！過去這種世界規模的洗牌，只能經由世界大戰來實現，沒想到被今天全球化的魔法悄悄消化了。代價是「從高變平」的國家承受著巨大的失業壓力，歐美過去二十年的變遷就是公司變富、百姓變窮的過程——公司可以把業務外包到海外，當地的老百姓卻搬不走，人多工作少，給社會上每個人多大的心理負擔！

就在這個時候，靜坐練習的方法被重新發現了。奇怪嗎？不，一點也不奇怪！合適的事情就會發生在合適的時間、合適的地點。如果分析減壓靜坐、心理醫生、抗憂鬱藥物三種方法就會發現，它們代表著解決心理問題的三種思路——抗憂鬱藥物是醫學的思路，心理醫生是西方心理學思路，減壓靜坐是古老智慧的思路。如果單靠西方科學可行的話，那麼憂鬱藥物和心理醫生早就足以解決煩惱和壓力問題了，還需要出版上百萬本心靈雞湯來安慰現代人的焦慮嗎？顯然東方的智慧，是在解決科學無法解決的問題，可謂雪中送炭！

因此，各位如果像作者一樣崇尚理性的話，我的建議是——請帶著批判的態度重新瞭解後，再下結論吧。

最好的反面教材就是我自己。其實年輕時，自己何嘗不是一個標榜理性的狂熱分子，但我從科學狂熱中轉了一圈又回來了。爲什麼呢？不是狂熱，恰恰是理性告訴我，現代科學雖然了不起，但並非萬能；傳統文化看似過時，但也不乏瑰寶。

要從浩瀚的古代文化中分辨哪些過時了、哪些沒過時，哪些是瑰寶、哪些是垃圾，還眞要費時、費心、費力。畢竟，該扔掉的可能多於該保留的，但總比一股腦地把傳統文化扔掉要好吧。有句俗話說得好，「不要潑水扔了孩子」，所以我們要從祖先留下的「破爛」中，把寶物挑出、以水洗淨、用布擦乾，然後放在最耀眼的地方。當老外們很羨慕地問：「哇塞，哪裡來的這麼特別的東西？」我們可以很自豪地回答說，都是從古老東方「垃圾」中撿來的。

不僅古爲今用，最好還能中西合用。反思世界上中美兩個極端：爲什麼博大精深的中華文明，最終被同樣博大卻一點也不精深的美國文明超越？反思之後的我們，即使在本書的內容上，也不得不變得謙虛些：多虧了西方人的煩惱，靜坐練習才被迫切需求；多虧了西方人的直性子，正定和正念的方法才被簡化；最後，多虧了西方科學，古老的智慧才不情願地揭開神秘面紗、褪去神秘色彩！

古爲今用，中西合用。加起來，就是「金版」平靜心鍛鍊的要旨。

總結實踐階段的第一章：我們爲「心的鍛鍊」列出了一個大綱。

萬事起頭難，幸運的是我們已經明確了兩大目標：提升定力、提升覺知力。至於如何實現，下面兩章將介紹「自我平靜鍛鍊」的第三步和第四步，並提供與現代心理學不矛盾的解釋。

考慮到我們馬上要去體會神奇的感覺，那最好興奮一點，流行語就是 HIGH 起來，奇怪的是，這次我們 HIGH 起來之後，將會體會到「HIGH 力」的反面——定力。

8

第三步：定力

記得小時候看《西遊記》，我們常常打抱不平，憑什麼武功高強、降妖最多的孫大聖，只能做個副手？又憑什麼白白嫩嫩、毫無魅力的唐僧，卻被授予念緊箍咒的特權？長大後，我們才逐漸明白一個道理：原來「組織」選誰當領導，除了業務能力，還有更重要的考量。

唐僧的哪一點額外突出呢？回憶一下取經路上的事蹟：他在饑寒交迫時沒動搖，在徒弟與白馬離開時沒動搖，在被俘、就要被煮時沒動搖，最與眾不同的是他在美女妖精前沒動搖！這與一不高興就離隊的孫大聖，和一高興就留下的豬二弟，形成鮮明對比。看來「組織」的決定完全正確，也與我們對強大內心的追求不謀而合：可用兩句話總結「富貴不能淫，威武不能屈」，又用一句話點讚——「定力過人！」

定力是不是意味著我們身體一動不動，大腦一片空白呢？不，空空如也的大腦並不強大，它既抵禦不了煩惱，也抗拒不了誘惑。讓我們如如不動的，唯有內在的智慧。

令人難以置信的是，這兩個看似遠在天邊的目標——「定力」與「智慧」，都可以透過一個近在眼前的過程實現——靜坐中的「正定」。各位或許感到詫異：「不就像睡覺一般坐著嗎？能有這麼神奇？」你觀察得沒錯，懷疑也很對，只是如果奧秘顯而易見的話，我還有必要寫這本書、你還有必要讀這本書嗎？

在開始之前，我們先做好心理準備——為什麼看似如此簡單的動作，會讓自己那麼的不習慣！

不安的大腦

眞正不習慣的不是你，而是你的大腦。

這不難預期。之前已經介紹過，人類在生理上就喜歡習慣模式，因為這是最省力的模式。相反，任何新生事物都會要求身體重新適應，也要求大腦重新適應——都耗費比習慣模式更大的能量。

舉例來說，有一天你下定決心去學瑜伽，這是件好事，又是件要適應的事。你要找到新的地點，新的時間表，真到上課時間了，還要做很多新的動作。尤其那種把兩腿從背後捲到頭頂的姿勢，能容易適應嗎？

話說回來，靜坐中的不習慣，又遠遠超出預期，只會比瑜伽課的例子更糟。此話怎講？瑜伽僅僅造成四肢的不適應，而靜坐則造成大腦的不適應——前者倒在其次，後者可是意識的中心！

馬上我們會發現，後果很嚴重。當靜坐開始時，身體看起來安靜，頭腦裡卻妄念紛飛。那時，請不要以為「我覺得時間到了」，是念頭在提醒你時間；也不要以為「我覺得有些無聊」，是念頭覺得很無聊；更不要以為「我想起身」，是念頭想起身。可謂一計不成又生一計。大腦像手機來電般冒出的念頭，都指往同一個方向：「請立即放棄」。

有人懷疑，是不是靜坐造成了這麼多念頭？其實不然，我們平時的念頭更多，多到無法分辨、多到意識不到、多到大腦一直被淹沒在念頭的海洋之中。只不過當我們在靜坐中，靜到非常之靜的時候，才開始覺察到念頭的嗡嗡聲。即使這時的念頭已經比平時少了很多，大腦仍然感到不安。那時各位才真正意識到「念頭不是你」——它們無人控制，也無法控制。

要問大腦為何如此不安，一個原因是，靜坐不練別的、專練「不想」，奪了大腦的飯碗，它能高興嗎？

大腦不怕思想之苦，但就怕不想之苦；不怕動之苦，就怕靜之苦。比如，當我在家中寫這本書很累的時候，會抽出半小時去靜坐。寫作和「坐」哪個更累呢？按說寫作是件頭疼的事情，世界上所有其他大腦都會同意，唯有我的大腦不這麼認爲！何以見得？當我「坐」的時候，不知道有多少次，大腦中的念頭會提醒我回到電腦前面，但很少出現我在電腦前面的時候，有念頭提醒我回去「坐」的情況。別忘了，這可是本書作者的大腦，它明知作者在推廣什麼，卻完全拒絕配合。當大腦提醒我回到電腦桌的時候，並不是因爲它熱愛寫作，而只是在說：「請恢復思考！」哪怕只一小會兒不想，也難以實現。

大腦不安的另一原因是，靜坐要啓動的狀態——正定——要求「向內看」，這意味著大腦的觀察方向要發生一百八十度的轉向。

回憶一下我們這輩子所關注的事情，是否毫無例外地都朝向外部世界？如家人、朋友、上級、老師、同事、城市、風景，就是忘了還有一個內部世界。除非出現了疼痛，我們很少去體會「身體現在怎樣」，「感受現在怎樣」，更沒有時間去審核「念頭現在怎樣」。

有些朋友不同意這種說法，他（她）們說：「我經常反省自己，反思人生啊？」但遺憾那根本是兩回事，因爲檢討自己在外面幹了什麼壞事，還是向外思考，而非向內體驗！

這當然也與性格有關，對本來好靜的人來講，還容易適應一些，但對性格外向的人來講，就體驗到煎熬般的侷促。因為這些朋友太愛熱鬧了，太習慣怎麼與別人約會，反而忘了怎麼與自己約會。

現在恐怕人生第一次，我們不僅要求大腦不想，還要求它調轉方向。兩件事加起來，讓靜坐中的大腦很不習慣！

可以想像，剛進入靜坐練習的人最容易放棄，甚至第一次就放棄。雖然理由很多，但歸根究柢源於錯誤預期。因此最好澄清幾個常見問題。

首先：靜坐會帶給我們快樂嗎？

還用問，當然不會！大腦不習慣，念頭不滿意，它們怎麼會讓你覺得快樂呢？起碼剛開始的時候，感覺完全與快樂相反，因為念頭還太強、定力還太弱。念頭明明知道你坐到腿疼得受不了，卻故意提問「你快樂嗎？」，居心何在？它希望一下就擊中要害啊！如果各位失望了、放棄了，念頭就得逞了。

「那你是說，最後我就快樂了嗎？」答案還是「不會」。當我們的定力增強、念頭減弱的時候，會體驗到另一種感覺，但那種感覺仍然不是快樂。雖說聽起來有點讓人失去目標，可我要反問：什麼是靜坐的目標呢？

糾結於這個問題的，十有八九是目標性很強的朋友，只不過這次他（她）們把目標瞄向了快樂、希望透過靜坐練習立即實現。可以想像，這些朋友一生中的大部分時光都被明確任務驅動，很難忍受一件看似毫無目的的任務，而我們進行的靜坐練習，恰恰是一件短期沒目標、長期有效果的事情。從這個意義上講，精英人士比普通人更難開始、男性比女性更難開始、想得多的人比想得少的人難開始。即便開始，這一人群也最容易找藉口放棄。

這不是歧視誰，而是思維能力惹的禍：「坐著不想」最難被思維狂接受，但也最適合思維狂，因爲思維狂往往是心最不靜的人，試想，每天思緒澎湃地和人周旋，心裡能平靜嗎？這些朋友如果堅持靜坐練習就會發現，眞沒有任何其他方法能讓大腦暫停，除了靜坐，只有靜坐。

既然提到思維狂，就看看蘋果公司的賈伯斯的體會吧：「如果你僅僅坐在那裡觀察，你會看到你的心是多麼不安，如果你試圖去平復它，只會使事情變得更糟，但隨著時間，它會平復的。當你的心安靜下來的時候，你會感到更大的空間，聽到更細微的聲音，你的直覺會開花，你會更與當下同在。你會看到當下在眼前延伸，你會看到比以前更多的東西。」

因此對有些朋友把放棄的原因歸咎於「沒有覺得快樂」，我的回答是「沒錯」，首先需要吃一點苦才會有效果；其次，這本來就不是我們追求的目標。靜坐帶來的並不是快樂，而是一種深深的靜、淡淡的喜。事實上，**整個「心的鍛鍊」，都在苦中尋樂**。

太難還是太容易

接下來要澄清：靜坐是難是易？

「太容易！」這是一個極端。

這麼想的原因在於，很多人把靜坐練習當成了普通的「坐」。因此感到奇怪，自己開會不坐過一個小時嗎？看電影不坐過兩個小時嗎？打電腦不坐過一天嗎？打麻將不坐過幾天幾夜嗎？其實，重點不在「坐」，而在「不想」，這就差別很大了！這就很不容易了。

小看靜坐練習的朋友一試就會發現，自己根本坐不住！十分鐘起身很正常，二十分鐘起身也很正常。有個朋友據說靜坐經驗好幾年，但沒有突破過三十分鐘。每次遇到這種「坐」進行不下去的情況，我都問這位朋友：「爲什麼起身了呢？」

回答是「我腿疼」，

或「我姿勢不對」，

或「我忘記了一件事情」，

或「我覺得沒有感覺」，

或「我覺得是在浪費時間」，

或「我沒有體驗到快樂」，

或「我覺得要一步一步來」，

或「我覺得今天已經達到目標了」。

我要說：「朋友，最終的結果是你起身了。」其實，所有上述藉口可以用一個問題擋回：是誰讓你這麼想的呢？估計對方一愣，然後沉默。沒錯，是念頭讓靜坐者這麼想的。

「太難！」這又走入另一個極端。

相比起前一種預期是很快見效，後一種預期是遙遙無期。順著這個疑問，念頭會繼續讓人動搖：

「是不是這種方法不適合我啊？」

「是不是我的姿勢不正確啊？」

「是不是要問下老師再繼續啊？」

「是不是別人都沒這種情況啊？」

「是不是我的腿會斷掉啊？」

「糟糕，我的腿一定已經斷了！」（靜坐史上的首例）

不管哪個極端，都會讓各位的定力之旅提前結束，這就是爲什麼開始前要做好心理準備的原因。

現實的預期是：「安靜地坐在那裡，什麼也不想」，既沒有那麼容易，也沒有那麼困難。想像放在桌上的一杯渾水吧，怎麼能讓它變清呢？答案是我們無法「讓」它變清，任何的行動都只會讓這杯水變得更渾濁；只能「等」它變清，最好的行動就是沒有行動，時間長了，泥沙自然會沉到杯底，水自然會越來越清澈，這就是「無爲而靜」的道理。

因此，把靜坐中的自己，想像成這杯水吧：讓大腦隨著時間安靜下來，讓念頭隨著時間沉澱下來，讓心隨著時間清澈起來。時間，看著時間靜靜地流過，才能達到這個效果。

最後一種要澄清的是：「這項運動看著有點怪」。

如果是你自己覺得怪還好辦，這本書就是在幫你做準備啊。儘管讀到最後你會有更多問題，但應該覺得靜坐練習一點也不怪才對。

可如果你家人覺得靜坐練習很怪，就要給他們稍作說明了。這樣才能確保沒人會冒然衝進房間並發出可惡的笑聲。放心，當周圍人看到你的身心效果後，會很羨慕你的，至少會羨慕你常常像睡覺！

各位難免好奇，需要多長時間才能看到「身心的效果」呢？這個行業的標準答案是——因人而異。比如我們去問某大師的話，十之八九問不出什麼結果，答案可能是一天，也可能永遠沒有「機緣」。但這種沒有回答的回答，會讓某些必須搞懂才開始的學員發瘋的。既然本書的目的在於眞實有用，不妨給出一個參考吧：

按照正確的方法去練習，初學者需要三個月左右的適應期，然後經過三年讓身心發生較大的變化。不是三天，也不是三十年，更不是遙遙無期，其實三到七年不算長，想想自己已經在念頭的控制下生活了幾十年，這段自我平靜的旅程算不了什麼。

我可以用自身的體會爲此見證。靜坐練習雖然只是本人靜心方法的一種，卻是其他方法難以替代的一種。原因很簡單：對我這種接觸商業利益、面對競爭壓力的人，入睡並非是件自然而然的事情。

確實，大家都講自我平靜，但是否眞能平靜，看看睡眠品質就知道。除了商業以外，其他用腦過度的職業無一不讓人煩惱。比如我寫這本書吧，按說應該是種享受，起碼最初是這種感覺，但當完稿的時間接近時，逐步變成一種折磨。爲什麼呢？寫作也讓人妄念紛飛，寫到興奮之時，難以入眠，寫不下去之時，同樣難以入眠。

因此靜坐對本人最直觀的好處，就是讓我每天晚上安靜睡覺。確切地講，是安靜入睡：在睡覺前三十分鐘「坐著不想」，先讓妄念逐漸平息，有時候不到三十分鐘就昏沉，那最好，就此上床；也有時三十分鐘後仍興奮，那糟糕，換種姿勢——躺著不想！

讀到這裡，各位心裡可能在想：「我還不清楚這傢伙在講什麼，但願確實對我有用。」帶上這種好奇心，就可以開始實修了。

從靜入定

先理順本章中的幾個概念：靜坐是練習方法，定與正定是中間階段，定力是最終結果。如圖所示：

下面兩節，我們將分別介紹「定」與「正定」兩個階段。

首先如何入定？

儘管我們不準備進入太複雜的細節，但我擔心如果連一次都不「坐」，各位眞無法體會本書在講什麼。對於已有經驗的朋友，這一節既可以作爲複習，也可以跳過。對初次接觸的朋友，請爲自己留出三十分鐘的時間，進行一次最簡單的靜坐練習。

準備階段：

1. 找個封閉而安靜的屋子，最好不要在室外。事先喝水、上洗手間、穿好保暖的衣服；

2. 舒適地坐下來。建議正襟危坐在凳子上，兩腿自然下垂，當然也可以平坐在墊子上，但切忌勉強，不要讓自己從一開始就忍著疼痛。不管哪種坐姿，都請把腰到脖子到頭挺直，想像自己的頭被上面的一根繩子拉著一般；

3. 設置一個小鬧鐘，最好能一次到三十分鐘，如果無法堅持下來就先設置十分鐘，以後再延長到二十分鐘和三十分鐘。

開始階段：

1. 閉上眼睛，安靜地坐著，什麼也不想；

2. 專注在自己的呼吸上，自然地吸氣，吐氣，數到一百，到一百後再重複；如果發現自己走神，就將注意力拉回到呼吸上來。如果再走神，就再拉回呼吸；

3. 不聽到鬧鐘，就不要起身！

體驗階段：

1. 當注意力能夠逐漸穩定在呼吸上以後，我們就進入「定」的階段。

2. 一邊專注呼吸的同時，一邊留意身體的感覺。隨著時間加長，會感覺呼吸越來越慢、越來越細。身體的感覺會越來越淡、越來越模糊。不知道什麼時候，來自手腳的感受消失了，來自身體的感覺消失了，就算入定了。

3. 如果時間再延長，連呼吸都感覺不到了，好像忘記了自己，好像忘記了世界，莊子稱之爲「坐忘」。

感覺如何？

我們可以忘記世界，但別忘記初衷——靜坐練習的目的，不在健身，不在放鬆，而在體悟「心」的感覺。那麼「定」究竟是怎樣的感覺呢？

如同它的古代名稱「止」所暗示的那樣，這既是一切停止的狀態，也是一切歸零的狀態。

一切停止指的是各個部分停止。回憶下整個過程：

首先，身體被停止了。把自己的身體按從外向裡的順序，或從上到下的順序，檢查一遍：哪個部位仍在運動嗎？手、腳應該不動了；頭、脖子、脊椎應該都不動了；胸中的氣血也應該不動了。除了呼吸外，結果應該是一動也不動。

接著，感覺被停止了。檢查一遍：視覺和味覺應該被關閉了；雖然自己沒有主動關閉聽覺和嗅覺，但如果在一個安靜清潔的屋子裡面，實際上並無聽覺和嗅覺反應；身體的觸覺在逐漸消失。唯一能感覺到的是呼吸，但呼吸會越來越長，越來越弱，快接近「坐忘」的意境了。

還有，思考被停止了，檢查一遍是否還有念頭？每次發覺念頭後，我們都會把注意力拉到呼吸上來。隨著時間延長，念頭越來越少，三十分鐘後念頭幾乎沒有了，但自己仍然非常清醒！

一切具象的事物都停止了。

而一切歸零指的是各種性質歸零，回憶一下整個過程：

速度被歸零了。說來悖論，入定就是這樣一種「不動的運動」，從來沒有哪一種運動像它那樣——追求速度歸零。

環境被歸零了。在入定中，我們很容易理解什麼叫「出離心」，既與環境暫時脫離，又與環境融為一體——整個世界都被收攝於內。

時間被歸零了。在入定中，我們減去了過去，減去了未來——只剩下此時此刻。

一切抽象都歸零了。

可以想像，正是在這種徹底停止、徹底歸零的情況下，坐了六天六夜以後的悉達多，發現了人類的內在本質——「覺」。如同西方哲學的現象學中講「還原」，當我們抽離具象、抽離抽象後，還剩下什麼呢？那個覺知，那種覺性，那個精神上的我。**所以說，身體、感覺、思維、情緒都不是我，我「覺」故我在。**

即使不帶有任何哲學感悟或宗教情懷，僅從修身養性的角度來說，入定也是有意義的：別的不說，對於多思多慮的現代人來講，光是讓大腦像桌上的那杯水一樣變得清澈，已算奇功一件了；除了靜坐，還真沒聽說過其他方法能有類似的功效。

但這還不是靜坐的全部意義。如果我們停留在「定」的階段，固然可以放鬆、平靜，從而實現第一個目標——提升定力，卻無法實現第二個目標——轉化智慧。因此我們要再向前一步，進入正定的狀態。

定到正定

如果把靜坐練習的第一個階段「定」形容爲清空大腦的過程，那麼靜坐的第二階段正定，就是在已經清空的大腦中加入正見的過程。

還記得那個要把油加入海綿球的例子吧，當杯子裡還有水的時候，油是加不進去的。怎麼辦呢？只有先把水清空，然後油才能加入。因此，第一階段清空，第二階段加入。

另一個類比是，如果要把杯子裡的咖啡換成牛奶，我們不能直接往咖啡裡加牛奶，那樣的話，只會變成一杯拿鐵咖啡。正確的次序是倒掉咖啡、清空杯子、加入牛奶。同樣，第一階段清空，第二階段加入。

這都說明了靜坐練習中兩個階段的分工。顯然第二階段關鍵在於加入正見，古人稱之爲「觀正見」。

如何「觀正見」？換句話說，如何啓動正定的狀態？

前面已經講過，「觀」不是用眼睛去看，而是用精神去「看」。具體到靜坐練習，「觀」既可觀想，即想像；也可觀照，即覺知。相應地「觀正見」既可以在靜坐中想像（冥想靜坐），也可以在靜坐中覺知（覺知靜坐）。由於覺知是下一章的內容，**我們在本章中先講如何「想像」**。

想像的方法很簡單：確定一個自己覺得有正面意義的主題作爲想像的物件。當「從靜坐入定」以後，小心翼翼地把注意力從呼吸上轉移到這個主題上來，邊呼吸，邊想像。

想像的主題倒有多種選擇：可以是一個問題，可以是一種情感，可以是一個東西，可以是一個咒語，也可以是自己，也可以是整個宇宙。

首先，問題可以作爲主題。在古時候也叫作「參話頭」，「話頭」包括啓發正見作用的一些問題，比如入定中問自己：「我是誰？」「我在哪裡？」「誰在那裡？」每次只問自己一個問題，然後結合身體感覺去體會含義。目的不是出於好奇，而是爲了突破思維的限制——自己的界限在哪裡，環境的界限在哪裡，尤其頭腦中那個根深蒂固的「我」在哪裡？

其次，情感可以作爲主題。比如在靜坐中，我們「觀慈悲」，那就在每次呼氣的時候，想像著把慈悲吐出，撒向周圍的人，撒向世界的人，撒向萬物，撒向眾生。再如以愛爲主題，那就想像著每次呼氣的時候將愛傳播出去，傳播向自己，傳播向父母，傳播給朋友，傳播給一切我們愛的人和一切愛我們的人。想像著自己的情感隨著呼吸，一次比一次傳播得更遠。

我們可以想像物體，比如蠟燭、瀑布、星空、日、月，及其隱喻。如果把星空當作主題的話，可以想像自己在星空之下，每次吸氣的時候，想像著把星空的內涵吸入，一次比一次更深；

每次吐氣的時候，想像著把自己帶向大氣層，帶向太陽系，帶向銀河系，帶向無邊的宇宙，一次比一次更遠，直到自己與星空融爲一體。

我們可以想像能量。想像著它在身體裡流動，而自己的注意力跟隨著它的進出。假設以自然能量爲主題的話，讓我們隨便設想三種能量流動的路徑。第一種路徑是跟隨呼吸，想像每次吸氣的時候，讓大自然的能量隨著空氣被吸入身體，又隨著吐氣將身體中的沉積排出，不斷重複。也可以換一種路徑，這次每次吸氣的時候，想像著大自然的能量沿著自己的腳底進入身體，吐氣的時候能量又從頭頂排出，不斷重複。我們還可以選擇第三種路徑，這次每次吸氣的時候，想像著大自然的能量從全身的皮膚進入身體，吐氣的時候又想像著這些能量從全身皮膚中排出，不斷重複。顯然，路徑有無數的組合，請選擇最適合自己的那種，固定下來。

光也可以作爲物件。有人喜歡白光，有人喜歡藍光，有人喜歡燭光，有人喜歡陽光；也有人喜歡看不見的光（誰讓這都是想像呢？）。假如是白光的話，我們就在每次吸氣的時候想像著白光沿著不同路徑進入身體，而在吐氣的時候想像著被光線沿著不同的路徑穿過自己。以此類推。

自己也可以作爲物件。想像我們是自然的一部分，或宇宙的一部分，比如想像自己爲金、木、水、火、土五行中的一種，或想像自己爲地、水、火、風四大中的一種，地代表堅，水代表濕，火代表暖，風代表輕，感覺自己隨著呼吸在宇宙中的迴圈。甚至想像自己的身體爲宇宙本身，想像著每次吸氣和吐氣從身體中穿過，一次比一次吸入得更深入，一次比一次吐出的更遠，直到自己與環境融為一體。

讀者可能在想：「想像這些有意義嗎？」答案是肯定的，上述看似沒有關聯的主題，其實有明顯的共同之處。

首先，它們都代表著正面的含義，不管是愛、慈悲、能量、自然還是宇宙，都把意識朝著積極的方向引導，這就是正定中「正」的意義。

其次，它們都在幫助穩定我們的專注力，讓我們長時間保持徹底平靜的狀態，這就是正定中「定」的意義。

最後，這些想像的主題都比較宏大，讓有限的「小我」融入無限的「大我」，從世俗中脫離出來。

看似幼稚的想像，其實堪稱「正定」。

讀者可能好奇：「你自己用哪種呢？」說實話，本人偏好更實用的主題——正見本身。還記得我們在第四章中提到的三把人生鑰匙吧？感恩、講和、當下，我們可以在靜坐時把它們像咒語一樣在心中默念。

以「感恩」爲口令，讓我們祝願一切美好更好——古稱慈心。選擇一個物件，在心中默念「感恩」或「感謝」。當觀想身體的時候，我們感謝它默默做的工作。當觀想周圍的人的時候，我們感謝伴侶、親人、友人、同事、老師、朋友；當觀想神聖的時候，我們感恩這個世界的創造者。請不要把上述默念當作程式，相反每次說聲「感恩」都應該發自眞誠。你會發現不需要多久，「感恩」一詞就會在心中扎根，「感謝」一詞就會變成新的口頭禪，直到某天，你發現在生活中能脫口而出「感謝」、「感恩」。

同樣的方法，我們可以在入定後默念「講和」，讓我們祝願痛苦止息——古稱「悲心」。當「觀」身體的時候，請與身體的疼痛講和；當「觀」他人的時候，請與人際矛盾講和；當「觀」環境的時候，請與不適應講和。在想像中，讓「講和」一詞在自己心中扎根，讓它變成自己新的口頭禪，直到某天，當我們準備指責、嫉妒、自責的時候，能想到提醒自己「講和」。

最後，我們可以在入定後默念「當下」。我們只需要感覺自己的身體，在感覺中，讓「當下」在心中扎根，把它變成自己的口頭禪。直到某天，當自己後悔、憂慮的時候，能在頭腦中閃過「活在當下」。

我們講在正定的狀態，能讓正見轉化爲智慧，借用佛教的概念，這種「轉識爲智」[1]的過程是如何發生的呢？

原理並不神秘：

第一，每次觀想中，我們所「觀」的主題——正見，會進入了大腦內部，轉化爲深層意識。

第二，每次靜坐中，我們「觀想主題」不是一次，而是無數次；在重複觀想中，正見被固定爲信念。

第三，一年三百六十五天中，我們不會只正定一次，而是上百次；在重複觀想中，信念被鞏固爲智慧。

原理不神秘，效果很神奇。請想想看：經常進行上述「感恩觀想」的人，還會不會覺得世界虧欠自己很多？經常進行「講和觀想」的人，還會不會繼續與人爲敵？經常進行「當下觀想」的人，還會不會總不在當下？估計都會比靜坐前改善很多。

畢竟「轉識爲智」借用的是佛教的概念，如果用現代心理學的語言，該如何解釋呢？潛意識。

定與潛意識

前面提到，「以識破識」的障礙之一是潛意識：既然正見是外來的「識」，而智慧是內在的「識」，那麼兩者之間的轉化就必須經過潛意識。

我們形容潛意識為大腦中的一座「大山」，因為它是上天給我們的設計圖中不該被開啓的部分。如果把生活分為睡眠狀態和清醒狀態，兩者都不是接觸潛意識的理想時機——睡眠的時候，潛意識在活動，但我們無法覺知，因此睡覺狀態不合適；而清醒的時候，我們有覺知，但又無法接觸到潛意識，因此清醒狀態也不合適。

那有沒有特殊的第三種狀態呢？有！入定（包含定與正定）就是這種例外。此時的當事人在自我觀察，既像入睡，卻有清醒。除了被稱為第三種狀態，從印度傳到西方的「超覺靜坐」（TM）又稱它為清醒、做夢、無夢睡眠以後的第四層意識。也有心理學家把它劃分為覺知、思維、做夢和無夢睡眠以外的第五種意識。其實不論第三，第四，第五，共同點在於——這是一種人為創造的非正常狀態。

確實，只有人類才能想出這麼奇怪的方法！並且還不止一種。

第一種是催眠。催眠時當事人不清醒，但旁邊的人是清醒的；當事人在做白日夢，旁邊的人在解讀白日夢。催眠與潛意識的關係其實並不明確，但明確的是夢受潛意識驅動，而佛洛伊德本人透過解夢來瞭解潛意識，最早也是先從催眠術開始的。

這讓我想起朋友子江告訴我的一個故事，說從前有個傻子，總是被周圍的人瞧不起，但是每天晚上他都夢見自己在做皇帝。這樣白天一醒來，他就失魂落魄，為生活奔波，而一到晚上睡著，他就在夢裡耀武揚威，享受著榮華富貴的夢境。等他這輩子快過完的時候，也搞不清楚自己這一輩子是怎麼過的，究竟是當了一輩子傻子，還是當了一輩子皇帝。

夢無法控制，催眠卻可以，這本來是催眠最大的好處，卻也成為催眠的最大問題——依賴於別人幫助。另外的問題是，不是每人都可以被催眠，也不是每人都願意被催眠；即使都符合條件，還不是總能遇到好的催眠師。

第二種方法，是佛洛伊德開創的、需要大量時間完成的精神分析。方法是病人自言自語地自由聯想，醫師通過啟發、傾聽、分析解讀潛意識的資訊。按照佛洛伊德的思路，最好一直追溯到自己的童年、追溯到自己的性幻想，找到潛意識中壓抑的來源。其實這個方法不是進入潛意識，而是靠醫師從側面描繪潛意識，就像我告訴你一部電影的情節，即使我的描述再具體，也不等於你看了這部電影吧。不僅不直接，還會積累大量的帳單。

第三種方法，是「從靜坐入定」。其實長時間的祈禱也有類似效果，但既然這不是一本宗教書，我們專指從靜坐練習中入定。

靜坐的好處顯而易見：完全自助，非常成熟，也最便宜。首先是自助，靜坐不需要催眠師或心理醫師，自己就可以進行。其次是安全，相對於催眠和精神分析，靜坐者一旦感到不適，自己就會停止；沒有人比自己更想保護自己，遠比旁觀者的判斷可靠。最後是幾乎沒有花費。靜坐練習只需要一個坐墊，幾件寬鬆的衣服和一個小房間，所需要的資源如此之少，很符合由繁到簡、返璞歸眞的本意。不過心理學實驗發現，人們往往對付出金錢的專案更珍惜、錢花得越多越珍惜，對完全免費的專案反而不太重視。眞令人左右爲難。

比較三種方法後的結論是：「從靜坐入定」是進入潛意識的最佳選擇。

這就不同尋常了：**原本按照常規方法，潛意識是無法接觸的，而現在按照非常規方法，潛意識卻有了快速通道**。其實從直覺上看倒也尋常，佛洛伊德講過：「夢是通往無意識的途徑」，而靜坐本來不就看起來像坐著睡覺嗎？

各位會問：原理何在？

我可以給出兩個類比。各位一定坐過地鐵吧，本人年輕時是地鐵的常客，當列車行駛的時候，我們是看不見外面的，只能看到車窗外的一片灰色在不斷閃過，但當列車到站或者中途停下來的時候，我們突然看清了外面的牆上畫著什麼。入定的效果也是一樣，只有當心念減速，減速、減速到接近於零的時候，我們才能突然看清它。

另一個類比是，當我寫這段文章的時候，已經是夜裡十點鐘，家裡的其他人都睡覺了，我聽到隔壁房間的電子鐘在「嗒嗒嗒」地走。奇怪，我白天從來沒有聽得這麼清楚，實際上白天我從來沒有意識到那裡存在個鐘，更別提聽到任何聲音了。爲什麼呢？因爲白天來自街邊的車水馬龍聲、隔壁的喧譁聲、家裡的對話聲，遮蓋了鐘的聲音。其實它一直在那裡，「嗒嗒」的聲音也一直在那裡。直到夜深人靜，背後的噪音都沒有的時候，我才突然聽到了鐘的聲音。潛意識也一樣，它一直埋藏在我們念頭的噪音裡，只是我們一輩子都無法察覺它在那裡。只有當入定的時候，當一切念頭都被取消的時候，潛意識才像我隔壁房間電子鐘的聲音一樣奇蹟般地顯現了。比起前一個例子，我更喜歡這個例子，因爲對自我平靜的目標而言，身體速度歸零固然重要，但念頭噪音歸零更重要。

這兩個類比解釋了「定」與潛意識的關聯：潛意識如此之「靜」，稍微一點波動都會掩蓋它的存在，平時我們的「心」很少靜得如此徹底，也很少「向內看」，自然看不到潛意識；而只有當入定後，我們把身心靜到和潛意識一樣的時候，才突然看清了後者。我們以爲效果神奇，其實如同海水褪去、礁石露出一樣毫不神秘。

各位接著會問：證據何在？

《圖解佛教八識》一書裡講述過一個小故事[2]，說一個徒弟學靜坐的時候，總在入定後出現幻覺，好像看見一隻蜘蛛。這個蜘蛛會從小到大，從遠到近，不管徒弟怎麼不想，這個蜘蛛就是揮之不去。於是他跟師父說：「如果明天蜘蛛再跑進我的大腦裡來的話，我就殺死它。」大家知道佛教是禁止殺生的，恐怕連想像中殺生也很勉強，因此師父勸徒弟先不著急：「等你看到蜘蛛的時候，先在它肚子上做個記號，以後再殺死它不遲。」下次徒弟入定的時候，果然蜘蛛又出現了，徒弟按照師父的指示在它肚子上畫了個十字。靜坐結束後，他得意地對大家說：「看看院子裡面哪隻蜘蛛的肚子上有個十字，它就是來我大腦中搗亂的那隻。」師父輕輕一笑說：「別找了，掀開自己的衣服看看。」徒弟把衣服撩起來，果然發現自己肚子上歪歪扭扭地劃了個十字！

這個故事會讓佛洛伊德滿意。讓我猜猜他的分析：這個蜘蛛一定來源於徒弟潛意識中的壓抑吧，只不過平時隱身，在靜坐中顯現了出來而已；蜘蛛不是代表徒弟的性幻想，就是代表他的童年創傷，或者兩者兼而有之。最讓佛洛伊德最滿意的應該是那個十字，因爲他畢生追逐的潛意識終於有證據了！

故事歸故事，有科學上的證據嗎？

有。在美國麻塞諸塞州，一群心理醫生也爲此瘋狂。最早是一名叫卡巴金的心理醫生爲主，後來發展到哈佛大學、麻省理工學院、麻省大學醫學院等的很多科學家參與，他們的研究課題是：「當靜坐用於心理治療時，大腦到底發生了什麼？」說來有趣，這些受過極高教育、世界一流的科學家們，大都轉變成了佛教徒。於是，在距離佛教的發源地一萬公里的地方，形成了一個佛學—心理醫生—教授的神秘組織，他們以波士頓爲西方世界的靜坐練習營，從亞洲空運整個寺廟的僧人去那裡靜坐，用最先進的醫療儀器觀測這些僧人入定時的大腦，最後把類似正定和正念的方法應用到憂鬱症、焦躁症、強迫症等的治療，觀測療效。這一團體依靠從美國國家健康基金(NIH)申請來的雄厚資金，爲西方世界寫出了大量的佛學指南、入定體會、悉達多聯想，順帶也發表了些許關於靜坐效果的科學報告。

科學報告無可置疑地證明，靜坐中的大腦確實發生了改變：

很明顯的是短期效果。透過腦成像技術，科學家們檢測到入定後的大腦，有些部分減緩了，有些部分啓動了。又透過腦波技術，科學家們檢測到入定後的大腦，頻率發生了顯著改變。兩種檢測都說明，「從靜坐入定」改變了當時的意識狀態。在這種狀態中加入正見，只會發生正面轉化，這就爲「轉識爲智」提供了科學依據。

不太明顯卻無疑存在的是長期影響。來自麻塞諸塞州總醫院的研究報告顯示[3]，長時間「從靜坐入定」能讓大腦皮層變厚，這暗示著一個人性格的改變。在這種狀態下加入正見，只會朝向平靜轉化，這又爲「提升定力」提供了科學依據。

總結本章的內容，我們找到了改善潛意識的非常規途徑，幫助我們越過了頭腦中的第一座「大山」。

更重要的是，潛意識的改善有助於心理素質的提升。起碼有助了一半：你看，定力幫助我們抵禦外界的誘惑——太好了，可以面對美女妖精了。再看，智慧幫助我們駁斥煩惱的念頭，但這裡有個問題：念頭眞會給我們駁斥它的機會嗎？

9

第四步：覺知力

歷史學家房龍說：「思想如同閃電，你永遠不知道它出現的下一個地方。」不幸被他言中了。只要稍加留意，我們就會發現一個驚人的事實——念頭無法預測，想抓也抓不住！

此事非同小可：如果煩惱的念頭過後才能想起，那用智慧去駁斥就無從談起，豈非前功盡棄？相反，只有在煩惱的當下抓住念頭，我們才可能糾正認知，從而改變行爲，甚至翻過另一座大山——習慣！

這種能抓住念頭的特殊心理能力，在古時候被稱爲「念力」，又被形容爲如來之手。假如各位質疑是否眞像「如來」那般神奇，同樣我的回答是：正因爲奧秘並不顯而易見，我才有必要寫、你才有必要讀嘛。

再說習慣

「抓住念頭眞的很難嗎？」對問這個問題的傢伙，我恨不得敲他腦袋幾下，因爲這傢伙根本不知道自己在談什麼。

親身檢驗一下就知道了，請做三次不同的觀察：

第一次，閉上眼睛一分鐘，觀察自己的念頭。注意，不要專注於呼吸，而要專注不讓念頭出現。我們會發現什麼？一分鐘過去了，自己一個念頭也沒有。

第二次，再次閉目觀察，時間延長到五分鐘。這次發現了什麼？不知道從大腦哪個角落，冒出來三、四個念頭。

第三次——重複上面步驟，時間延長到十分鐘。又會發現什麼？十個左右的念頭。

這個實驗告訴我們，大腦對念頭的警覺能保持多久：要保持一分鐘的警覺，誰都可以做到；要保持五分鐘的警覺，就很難做到的；再到十分鐘，念頭已經在大腦裡自由進出了。想想我們以天來計量的生活中，有多少未經覺察的念頭流過！

如果有誰不服氣的話，可以重複上述實驗，不管多少次，**結論都類似：相對於理解念頭很容易，抓住念頭很困難！**如果哪位能輕鬆保持十分鐘沒念頭，那麼或者你要通知我重寫此書，或者你是完全不需此書的天才。

比零散的念頭更難抓住的，是習慣性的念頭。

在我們身上，有些負面思維模式已經運行了幾年、十幾年、幾十年，甚至升級成了習性。難怪道理歸道理、行動歸行動。當我們有意識地行動時，才發覺習慣思維早已發生：

記得多少次，自己許下了戒煙大願，一醒神，才發覺萬寶路不知道什麼時候又溜到了自己嘴上，忘記了剛才的念頭是哪裡來的；

記得多少次，我們許下了不再和家人發脾氣的大願，當摔門而出的時候，才發現自己又完成了一次大爆發，多少憤怒的念頭已經過去；

記得多少次，我們曾經許下了要早睡早起的大願，一抬頭又夜裡十二點了，因爲之前念頭不斷提醒自己要完成今天的事情。

我們講過習慣包括行爲、情緒、思維三部分：習慣行爲好像一駕失控的馬車，習慣情緒好像車上的旗幟，而習慣性的念頭，好像跑在最前面失控的奔馬，每次當我們想起來追趕的時候，才看見它遠遠的背影。

我們還講過如何建立習慣，卻留下了一個難題：如何改變習慣？

理論上很簡單：在習慣的念頭出現時覺察它、知道它，才能進而阻止它。泰國的隆波通尊者是這樣解釋的：「讓我們來培養自己的覺性。念頭生起時，知道、看見、瞭解它，這就是『覺知—定心—智慧』我們稱之爲『自覺』。只要我們覺知，念頭就無法作怪；若不留神，它就導演不停。」

注意到了吧，與「以識破識」的方法對比，這裡增加了關鍵一步——覺知。前面講過覺知的好處——認清幻象、發現眞相，但並沒有提到改變習慣，因爲現實中並不簡單。

估計各位已經猜到，覺知與覺知力還是兩碼事！這麼說是因爲，剛才的實驗已經證明，覺知不連續、不清楚、不及時，靠它去控制念頭是靠不住的；我們可以寄予希望的，只能是連續、清楚、及時覺知的能力。

覺知力的意義在於：改變習慣不再是空談，現在有了方法。如下圖所示：

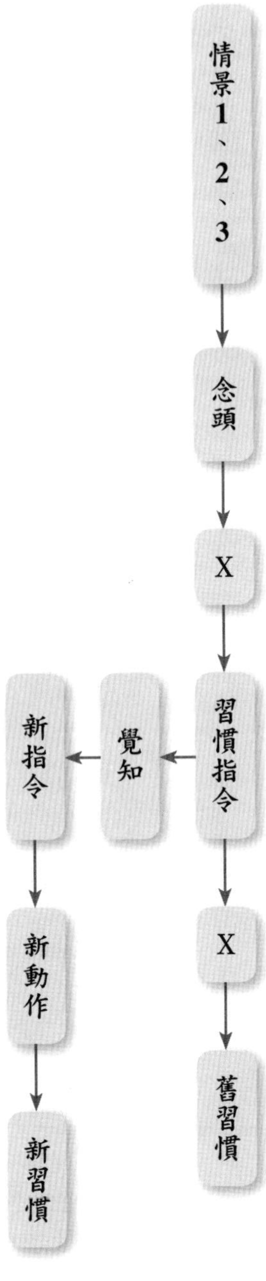

圖示中第一個從上往下的箭頭應該從下往上。

第一行，說的是舊的習慣模式——習慣情景會觸發習慣念頭，自動產生習慣指令和習慣動作。這是無意識的模式。

中間一行，說的是打破習慣——覺知能在念頭轉化爲動作之前覺察念頭、知道念頭、切斷念頭，從而阻止舊習性的發生。

第三行，說的是新習慣的建立——經過覺知的審核，新指令會產生新動作，新動作不斷重複就會變成新習慣。這是有意識的模式。

在第五章中，我們講過：改變習慣的非常規方法，「是一種需要鍛鍊才能形成的特殊能力。」答案揭曉了：就是我們的覺知力。

如果用什麼指標來衡量覺知力的話，關鍵在於速度。

這是因爲，覺知力的目的在於抓住念頭，而念頭之所以難以抓住，在於速度太快。聖嚴法師說，通過入定，他能發覺每一秒有十來個念頭。[1]泰國的隆波通尊者則更進一步說：「念頭是最快的，快過閃電或其他。由於我們看不清念頭，所以有痛苦」。[2]

幸好上述說法不完全準確，現代醫學揭示，念頭雖然很快，卻沒有光速那麼快。心理學家塔拉．貝內特—戈爾曼提供了來自神經研究的發現：「一旦病人意識到動作的意圖，到實際發生有四分之一秒的時間。這個時間視窗很重要——我們可以決定是隨衝動去行動，還是拒絕行動。可以說這一切都是在四分之一秒中決定的。這個視窗給我們打破（念頭）鏈條，不隨之盲目行動的時間。」3

我們的覺知力能抓住這個視窗嗎？

好的消息是，對人類而言覺知的潛能與生俱來、無需外求。如果說上天賦予我們這個物種什麼潛能的話，恐怕這是最奇特也最易忽視的一種了，比起動物們的無意識，只有人類才能抓住念頭、改變念頭，成爲名副其實的覺者。

不太好的消息是，對多數人而言，胡思亂想久矣，甚至忘記了這種潛能的存在，難怪覺知力早已退居二線，我們需要找到它、培養它、強大它——

從一種簡單的練習開始。

做個觀察者

同樣，先理順本章中的幾個概念：**自我感覺是練習，正念是中間過程，覺知力是結果。**

所謂自我感覺的練習，說得具體些，就是學習做個觀察者。

首先要搞清楚這個動作的主語——誰在觀察？

答案是「你」。

其次要搞清楚這個動作的賓語——觀察什麼？

答案是「身體」。一般人提到觀察的物件，首先想到外面的風景或四周的環境，這是方向性的錯誤。我們要觀察的物件，不在身體之外，而在身體之內：眼、耳、鼻、舌、身、大腦。

最後，要搞清楚這個動作的謂語——如何觀察？

答案是「自我感覺」，不是用眼睛，而是用我們的神經系統去感覺。

把身體想像成一個神奇的實驗室吧。主持人覺知位於大腦的某個位置，大腦伸展出去的神經就像探測器般連接身體器官，那些器官就是要觀察的物件。與科學實驗室不同的是，意識實驗室就在我們的體內，一切準備就緒，就差你這位實驗者到位了。

下面以站立爲姿勢，做一次簡單的自我感覺練習。

身體準備——站立。

雙腳與肩同寬。腰背挺直，雙手放在肚子上。雙膝可以直立，也可以微微彎曲。把注意力穩定在呼吸上。

心理準備——不想。

停止念頭。但念頭仍然會不斷冒出。不出幾分鐘，念頭就不斷提醒你：是不是該做點什麼呢？請回答它：什麼也不做。

自我感覺——覺知。

讓我們按照從外向內的順序覺察與知道：

- 感覺手的部位。你可能說「沒有感覺啊」，提示一下，請仔細體會手的表面，有沒有感覺到細細點點。
- 感覺腳的部位，應該同樣是細細點點的感覺。
- 感覺頭、胳膊、腿、內臟，每個部位依次十到三十秒，只需要問自己「那個位置是否不適」即可，如果答案肯定是「有不適」，則延長時間去感覺、問自己「具體哪裡不舒適」。

●感覺胸中的氣血，體會一下有沒有氣血的湧動。

●回到呼吸，跟隨呼吸，感覺呼吸。沿著吸氣的進入，體會到鼻孔一股涼涼的感覺；隨著吸氣進入體內，體會腹部挺起的感覺；反過來，沿著呼氣的吐出，體會鼻孔溫熱的感覺，隨著呼氣排出，體會腹部下陷的感覺。

加起來總共五到十分鐘，這樣我們就完成了自我感覺的練習。你會問：「這有什麼稀奇？」稀奇在於，我們可能從來沒有這樣做過，從來沒有這麼「向內」關注過自己。

除了觀察自己的身體（色），類似地，我們還可以觀察感受（受）、判斷（想）、指令（行）、整體意識（識）。

「觀感受」，覺知感覺帶來的感受，苦受、樂受、不苦不樂受。

「觀判斷」，覺知感受帶來的思緒，大腦裡的浮想聯翩。

「觀指令」，覺知思緒帶來的的衝動，想到要停止的念頭。

「觀意識」，有愉悅、興奮，也有煩躁、無聊，恐怕後兩種的可能性更大。

你又會問：這有何稀奇？稀奇在於，我們發現一切在生滅之中，反過來說，生滅才是一切的本質。這告訴我們兩點：

一，**佛陀的理論是可驗證的**，如何驗證？在對色、受、想、行、識的觀察中，體會無常、苦、無我的道理。

二，**佛陀的理論是可實踐的**，如何實踐？「生」提醒我們感恩，「滅」提醒我們講和，「跳出生與滅」提醒我們當下。

或許佛陀的理論被講得過於簡單，抑或真相本來就不複雜。

專注的覺知

一次性的自我感覺不難，持續自我感覺很難。比如在上面的練習和更上面的實驗中，十分鐘過後，我們就開始走神！如何像給手機充電那般，給覺知力加分呢？**既然泛泛的覺知難以持續，我們就需要集中注意力、就需要保持正念！**

方法不難：按照之前的定義——專注地覺知——我們在覺知的狀態中，加入「專注」的元素，就進入正念的狀態。想想生活中，我們有哪些既專注又覺知時刻？

憑個人的觀察，

對女士來說，可能莫過於對著鏡子看臉上痘痘時的專注而覺知；

對男士來說，可能莫過於關注自己心儀的女生時的專注而覺知。下次看見上述情形，別忘記誇獎這些朋友：「你夠正念！」

部分讀者可能質疑：「我聽過幾種『正念』，哪種對呢？」正好，我來爲這個流行詞科普一下。

正念這個詞，原本是來自佛教的概念，後來被「出口」海外，歷經多次轉手，多次翻譯。沿著北方線路，它從梵文到中文，從中文到日文，從日文到英文，最後我們又把英文的解釋翻譯回了中文。而沿著南方路線，它從印度到斯里蘭卡，到緬甸，到東南亞，近年來到美國和澳大利亞，最後回到中國和臺灣。

面對這樣一個上千年來多次轉手、重獲新生的概念，難免不同地方的人會從不同角度去解讀。唯一的問題是，這讓讀者越讀越混淆。就像那個瞎子摸象的成語中說的，有幾個人同時告訴你「大象是扇子」、「大象是柱子」、「大象是繩子」，這些描述都沒錯，若是可以明確對應大象的哪個部位就好了！同理，很多正念的說法都沒錯，但未必是本意、僅僅是引申。

最常見的有兩種：「實相」與「當下」。

之所以說它們不算定義，因爲從中文結構就能看出：「正」字和「念」字裡面，哪一個有實相的含義，或當下的含義呢？

之所以它們算引申，因爲實相與當下都伴隨正念而來。前者我們已經講過，覺知帶來眞相。而後者我們要補充下：爲什麼正念帶來當下？

既然正念中的「正」是正面面對的意思，那我們不可能正面面對過去，也不可能正面面對未來；我們所正面面對的，只可能是當下。這就是覺知的作用：我們所覺知到的，既不是上個星期，也不是下個星期；既不是昨天，也不是明天；甚至既不是一分鐘之前，也不是一分鐘之後，僅僅是此時此刻。我們無法用時間的刻度去稱呼它，只好稱爲「當下」。

記得我們不是第一次提到當下了，我們在第四章中講到人生正見的鑰匙時，還只是概念上的當下。而現在覺知力所帶來的是「心」所感覺的當下。儘管這兩種當下，一個是思維，一個是覺知，都比我們活在過去或未來要好，但又有所不同。

不同在於，思維是沒有時間限制的，它可以跑回過去，可以跑去未來；而覺知是有時間限制的，它只能停留於當下，讓它跑都跑不動。因此當我們覺知時，才能體悟到超越思維的當下。

更重要的不同在於，思維無法把你帶回當下，而覺知可以做到。它是怎麼做到的呢？用大腦中的覺知模式取代大腦中的思維模式即可實現。煩惱的過去是思維的產物，思維不在了，回憶和後悔也將不在；煩惱的未來也是思維的產物，思維停止了，憂慮和期盼也將停止。因此**覺知取代思維，就會讓煩惱消失，平靜由此而來，這就是「心」的力量**。

所以說，當我們用正念去「專注地覺知」的時候，必然會收到了兩份精美的贈品——實相和當下——與正念的定義並不矛盾，只是引申了正念的意義。

我們不妨這樣形容：正念這個少小離家的小孩，當它結束了海外漂泊回到「中國」這個村莊的時候，看起來還是它，但又不再像原來的那個它。多了幾分洋氣但又少了幾分質樸。但我這個村裡人決定，不管它曾經叫什麼洋名，小時候怎麼叫，現在還應該怎麼叫才對，都稱它作——專注地覺知。

合二爲一

回到提高覺知力的方法，如何保持正念？

佛陀建議我們在行、住、坐、臥中都正念。其中比較容易實現的，是視覺、聽覺、嗅覺、味覺，我們只需要看的時候好好看、聽的時候好好聽、聞的時候用心聞、吃的時候仔細品嘗即可。需要特意關注才能實現的是觸覺，比如我們走路時，感覺腳步；跑步時，感覺體內的能量。

這些行、住、坐、臥中的正念，本身就具備平靜下來的力量。如蘇格蘭詩人羅路．史蒂文生所說：「自我關注是平靜的，它是自然力量，你可以說，樹也是自我關注的。」[4]感性的力量，能讓我們在原始的狀態中放鬆下來。

而正念最大的敵人，毫不奇怪是雜念。雜念的力量如此之大，以至於可以輕而易舉地淹沒短暫的覺知，但別氣餒，請在生活中開始嘗試：當情緒發生時，試圖反觀自己的情緒；當念頭來臨時，試圖反觀自己的念頭。

我們透過連續不斷的正念，才能培養出連續不斷的覺知力。

好，讓我們總結一下兩種練習、兩種狀態、兩個目標。

按照佛學的邏輯，

(1)我們要提升心理素質，所以需提升定力與覺知力；

(2)要提升定力，就要通過正定，就需靜坐練習；

(3)要提升覺知力，就要通過正念，就需自我感覺的練習；

按照心理學的邏輯，

(1)我們要想讓煩惱不再重來，就需改善潛意識和習慣。

(2)要改善潛意識，就要通過正定，就需靜坐練習；

(3)要改變習慣，就要通過正念，就需自我感覺的練習；

即，如果「以目標爲導向」的話，本書的原理可以歸納爲：

心理學目標	佛學目標	過程	練習
改善潛意識	定力	正定	（冥想）靜坐
改變習慣	覺知力	正念	自我感覺

結論是：佛學的方法，不僅可以實現佛學的目標，也可以實現心理學的目標。

我們講了兩種練習，但合二爲一後，就形成了第三種練習——上一章中提到的靜坐中覺知（覺知靜坐）。說白了，就是在靜坐練習中自我感覺，再說白了，就是靜坐、覺知、最好加上專注同時進行。

舉例如下：當我們在靜坐中「入定」後，選擇自己身體的某個部位作爲覺知的物件，比如呼吸的感覺，比如肚子的感覺，比如胸中的感覺，再比如五蘊的中的一項：

- 「觀身」，專注地覺察眼、耳、鼻、舌、身，專注地覺察它和外界的接觸，知道它是動是靜，知道它的細微變化。
- 「觀受」，專注地覺察身體中的感受，知道感受的不同，知道感受的演變。
- 「觀想」，專注地覺察大腦中的判斷，知道思緒的生滅，知道思緒的流轉。
- 「觀行」，專注地覺察大腦中的指令，知道念頭的無常，知道念頭的演變。
- 「觀識」，專注地覺察整體意識狀態，知道它的生滅無常、流轉演變。

如果「以方法爲導向」的話，本書的練習可以歸納爲：

練習	名稱	狀態	功能
第一種	（冥想）靜坐	正定	定力／潛意識
第二種	自我感覺	正念	覺知力／習慣
第三種	（覺知）靜坐	合二為一	合二為一

至於「合二爲一」練習的好處，按說最直觀的是，定與覺被結合了起來，定力與覺知力被同

時提升。不過我們從生活經驗中知道，二合一的東西往往比較中性——雖說兼顧了兩項，但每個單項都不專業——實在算不上眞正的好處。而眞正的好處在於，定與覺被結合了起來，帶來一種定覺合一的效果。

什麼效果呢？說來嚇人一跳：各位能「看」到自己「心」！別誤解，作者並沒有失去理性。

心的觀察

要獲得直覺的智慧，最好體會我們的「本來之心」。

可能有些朋友對這個詞還略感困惑，因爲「心」好像代表我，而「覺知」也代表我，難道它們是一回事嗎？

也是也不是。因爲「我」有多層含義：如果身體算外在的我，覺知算內在的我，那麼「心」算更深層的我，再深層按照佛教的說法就「無我」了。好比一塊覆蓋著污垢的美玉，只有一層層剝開外表才能看清其本來面目：在上一章的靜坐中，當我們進入正定的狀態後，就剝去了「我」的最外一層；在這一章的靜坐中，再加入正念，又剝去另一層「我」，這時顯露出了什麼？佛陀所說的「世人皆有佛性」，既然覺性超越覺知，就該指世人的「本來之心」吧。

這顆「心」與生俱來，誰也不用擔心自己沒有。如果你問，難道非常惡毒的人也有「本來之心」嗎？我想是的，只不過這些人被蒙蔽太深，以至於失去了自我省察的能力。如果我們把歷史長河中的時光倒退短短幾十年，試想壞人被還原到那個剛出生的嬰兒，也曾有一顆清明無瑕的「心」吧，更不用提大多數好人了。回想我們生命的起點，那個繈褓中的自己，那個只有一個胳膊那麼長、不超過十斤、小手小腿揮舞著的自己，有貪婪嗎？有嫉妒嗎？有後悔和憂慮了嗎？都沒有。當那個無憂寶寶長大以後，外面覆蓋了一層又一層世俗的灰塵，再也看不到那顆「本來之心」到哪裡去了。

其實，它始終在我們內心深處，所以才叫作「本來之心」。**我確信這個世界上的世俗之人，在世俗的外表下都深藏一顆不俗之心，即上天賦予的平靜**。當你在封面看到這段文字的時候，是不是僅僅以爲是文字呢？不，這是我要帶你去「看」的眞相。

請按照下面的方法，自己觀察吧——

首先，採取舒適的姿勢進行長時間的靜坐。切記，「觀心」的要領在於舒適與入定。但這兩點有點矛盾：時間越長越容易入定，但時間越長也越容易造成身體疼痛，從而帶來躁動不安。因此我的建議是，不採用平坐，而採用正襟危坐，以便調節舒適與入定的分寸，爭取在一個小時之內舒適而深度地入定。在這個過程中，身體、念頭，甚至呼吸的感覺都應該依次消失。這時觀照內心的正中位置，在每次吐氣時疏散胸中的氣血，慢慢體會那裡清涼的感覺。當所有的一切消失，只剩下胸中這種清涼的時候，你就在觀察自己的本來之「心」了。

沒有親身體驗的人可能睜大眼睛：「眞的嗎？」還是那句話，請自己去「看」。我估計不會在每次都看到，但如果堅持這麼「調試」，也不會永遠都看不到，原因很簡單：它本來就在那裡。

這個方法並非本人創見，而來自佛陀的提示。在《大乘本生心地觀經》中有這樣的記載，翻譯後大致意思是：「文殊菩薩問佛陀說，『心』雖然沒有形狀也沒有固定位置，但如果初學者希望走上覺醒之路，我們讓他們從什麼地方開始看，看到什麼景象呢？佛陀的回答是，所有善良之心的所有普通人，都可以這樣做——在非常寂靜非常空曠的境界（即入定），身體端正坐好，閉目觀想胸中的一輪明月。這輪明月乾淨而明亮，從內到外清澈而清涼。這個月亮就是你的『心』，它沒有任何污染，也沒有任何妄想。這樣普通人也可以做到身心清靜，善良的心堅固不退。」

上述體驗曾被很多後人確認。明朝的王陽明也稱本心「澄澈、透明，像鏡子一般」。

有些朋友可能說：都是一個意思啊，有沒有別的形容詞呢？能不能再具體些呢？

讓我用現代語言補充先哲們的提示吧：**當對這顆「本來之心」驚鴻一瞥之時，各位會體驗到**

一種**「安住在那裡的平靜」**。

它是一種因感恩而圓滿的狀態。包括對身體的感恩，身體是圓滿的；對環境的感恩，環境是圓滿的；對造物主的感恩，它的創造是圓滿的。

它是一種因講和而圓滿的狀態。不拒絕身體也不跟隨身體，僅僅看著身體；不拒絕感受也不跟隨感受，僅僅看著感受；不拒絕念頭也不追隨念頭，僅僅看著念頭；不拒絕外境也不跟隨外境，僅僅看著外境。

最後，它是一種安住在當下的狀態。過去已經消失，未來還未開始，它安然地駐紮在那裡。「安住」與其說是動詞，不如說是形容詞。

原來「感恩」、「講和」、「當下」，並不來自思維，而來自對「本來之心」的觀察。原來我們要找的平靜，既不在別的書裡，也不在這本書裡，而在各位的內心深處。

更奇怪的是，我們一直在用「提升定力」、「提升覺知力」這些充滿目的性的詞，而「安住」卻把我們帶回毫無目的的狀態。正定和正念看似帶有平靜的目的，可實際上過程中的每個點——正定與正念——都已經實現了平靜。

當各位觀察到這種平靜以後，會發現自己的體悟與我的描述，相似又不同。哪個對呢？當然是「你對」，因為體悟出來的才是真相，而我所描述的、甚至佛陀所描述的，都只是經過思維加工出來的文字。

連佛陀所說的也可能不對嗎？當然，起碼佛陀要求我們對任何文字保留懷疑。回味一下剛才那段經文，裡面文殊菩薩問得很好啊：「心」本來就是一件無從描述的事情，但如果不描述出來，後人又無從入手，也無從判斷自己感覺對不對。那該怎麼辦呢？當然佛陀知道「心」的位置是無需回答的偽命題，當然佛陀也知道，語言比不上體悟來得真實，那他為什麼還要給出經文中的描述呢？為了給後人一種確認的方便吧。

看來關於「不願講」、「不能講」、「講不清」的難題，佛陀早用榜樣做出了回答：語言雖有侷限，但不表示不需使用語言；語言不能代替真相，但起碼可以接近真相；尤其是，語言可以為世人服務、給後人啟發。正是佛陀留下的文字，在兩千多年以後的今天，仍然感召著我們追隨他的腳步。

「心的鍛鍊」，就此結束。

大山可挪移，靠的是信念；大山如何挪移，靠的是方法。

撥開古老傳統的神秘面紗，我們找到一條理性的修心之路：透過靜坐的練習進入正定狀態，實現改善潛意識、提升定力的目標；通過自我感覺的練習進入正念狀態，實現改變習慣、提升覺知力的目標。

今天，我把這條理性之路向每一個煩惱不堪的現代人推薦，爲的是一個最最現實的目標——你的平靜。

說到現實，現代人還眞面臨著另一個現實問題：生活的節奏如此緊張，連修心都被當作奢侈，「坐著不想」還眞成了度假！要解決這個問題，讓我們把靜態的練習，應用於動態的生活之中吧。

10

生活中觀「念頭」

啊，生活。「有時是煩惱不堪的生活，更多時候是看似無味的生活。」

誰在這麼怨歎？按說我應該理解這種感歎：前一句有關生活的煩惱，後一句有關生活的意義，但我又不理解，人生如此短暫、如此寶貴，豈容如此浪費？就像流行語所說的，好好活著吧，因爲我們會死很久。

因此，可否讓我們重來一遍，這次試著把感歎變爲問題：一，**有時煩惱不堪的生活，如何變得平靜**？二，**更多時候看似無味的生活，如何變得津津有味**？

本書的最後部分，就是要回答上述生活應用的問題。如果說最早的「理論」像短跑，之前的「鍛鍊」像中跑，那麼「應用」無疑是一場馬拉松了。四十二點二公里的賽程令人興奮嗎？不，看上去有些枯燥。但它平凡嗎？不，每個人都可以跑出平靜而有意義的生活。

當務之急要先解決生活中的煩惱。因爲每當談到長遠目標——不管前面心理素質，還是後面生活意義——總有朋友會先點頭、後歎氣：「遠水解不了近渴啊！現在就煩惱怎麼解決？」

那好，這裡有個簡化版的覺知力訓練，我們明天就可以，不，今天就可以——「觀」念頭。

一個要領

爲了明確「觀念頭」的目標，不妨先對自己的煩惱做個普查：哪些負面思維？哪些負面情緒？可這樣一問，問題就來了：大家經常提到念頭和情緒，但眞到區分的時候，恐怕還無從下手。因此提前透露個簡單的規則，看看念頭來的時候，身體內有沒有氣血的波動，**凡是沒氣血的煩惱劃分爲念頭類，凡是帶氣血的煩惱劃分爲情緒類**。

請列出一張負面思維的控制清單：自責、指責、嫉妒、憂慮、後悔，還是都有？另請列出一張負面情緒的控制清單：憂鬱、焦慮、憤怒、悲痛，還是都有？別擔心，作者也屬於最流行的「都有」一族，否則憑什麼來寫本書呢？

目標明確後，讓我們先從第一份清單開始。

如何轉變負面思維，可謂近年來長盛不衰的話題，俗稱「轉念」。讀者會問：這方面的書籍已經令人眼花繚亂，難道還不夠豐富嗎？

不，**我覺得根本談不上豐富，甚至可以說很單一，因爲它們都可以歸爲一類——用思維去駁斥思維**。比如自責了怎麼辦，就告訴自己愛自己；嫉妒了怎麼辦，就告訴自己愛別人；後悔、憂慮怎麼辦，那就告訴自己不要、不要後悔憂慮。這些都屬於「以識破識」，有錯誤嗎？當然沒錯，但眞有用嗎？說實話，用處有限。

根據前面的介紹，我們知道有兩個原因：一是我們的定力還不夠強，很容易受負面思維的影響；二是我們的覺知力還不夠快，即使有正見也抓不住念頭，更別提「轉念」了。

想像一下西部片中的對決場景吧，大英雄克林·伊斯威特面對一百公尺外站著的歹徒，街邊的住戶紛紛關上了窗戶，小鎭的時鐘滴答滴答地走，預示著死神的來臨，空氣彷彿凝結了一樣……槍聲一響，較弱的、掏槍較慢的那位倒下來——電影中只能是反派的角色！

和念頭的對決是不是也很類似呢？我們自認爲已經有了足夠的彈藥、手槍、姿勢，甚至決鬥專用的萬寶路香煙，可還沒有緩過神來，念頭的子彈已經呼嘯而來，怎麼回事？子彈的速度太快、殺傷力太強，而我們既躲不開、也擋不住子彈。之前我們靠理念轉化正負面思維，就往往如此低估了念頭、高估了自己，結果當嫉妒、指責、後悔、憂慮衝上心頭時，還沒來得及正見——代表正義的我們就倒下了。

這次我們另闢蹊徑，什麼蹊徑呢？一個要領、兩個準備。

這一個要領就是覺知，「觀念頭」中的「觀」字由此而來。如何「觀」念頭？我們不是因爲好奇而「觀」，而是爲控制負面思維而「觀」；也不是用眼睛去「觀」，而是用覺知去「觀」。當念頭升起的時候，如果能覺察它，知道它，就是在「觀」了。

別小看這一要領。有了覺知在前，才用上正見在後。就好像足球賽中的起腳射門，看似連續的動作，其實可以分爲「看球」和「踢球」兩部分。在觀念頭中，覺知好比看球動作，用正見駁斥好比踢球動作，哪個更重要呢？當然要先看清球，才能踢到球啊。否則的話，球沒看清就起腳，漂亮的倒鉤、飛鏟、凌空等射門姿勢不都白練了嗎？

而我們要看清的大腦中的「球」，就是念頭。甚至在負面情緒中，要先看清的「球」也是念頭。想想當我們意識到自己憤怒、悲痛、憂鬱等情緒時，是否早已錯過了飛在前面的念頭？可以說，無論控制負面思維，還是控制負面情緒，覺知念頭都是關鍵的第一步。

對嫉妒、責備、自責、憂慮、後悔等「壞念頭」要覺知，但你會問：對「好念頭」也要覺知麼？我的建議是，**念頭不管好壞，都應該被覺知，因爲覺知的能力，只有在生活中練習才會加**

強。比如哪天你在公車上突然冒出了給老人讓座的想法，那要立即給自己表揚啊：「這是一個善念，眞棒！」作者就是這樣抓住時機肯定自己的。即使你沒有像我這樣「敏銳的覺知力」、錯過了表揚自己的善念，我們還要表揚你，上天也會表揚你，因爲對這個社會來講，善是無條件地被需要的。

既然要培養覺知的能力，那除了覺知得清楚，更要覺知得及時。要知道，念頭不但速度快，還是一種連鎖反應，稍不留神，當我們恢復意識的時候，面對的早已不是第一個，而是第七、八個了。念頭們可不懂「適可而止」的道理，它們的邏輯是「得理不饒人」：一個念頭帶出下一個念頭，下一個念頭帶出情緒，情緒又帶出新的念頭，直到讓我們在煩惱的漩渦中難以自拔。

除非，覺知能在第一時間拉我們一把。

甚至念頭可能是一種「不知不覺」的習慣，因爲十之八九這不是它第一次出現了，十之八九它已經變成了自動模式的一部分。比如最早一種隱約的擔心，不知不覺中，憂慮變成了恐懼，恐懼變成了憤怒，憤怒變成嗔恨，嗔恨變成焦慮，焦慮變成了憂鬱。

除非，覺知能在第一時間斬斷習慣的鏈條。

兩個準備

覺知固然好，但「能力」不夠怎麼辦？

這完全可以理解。因爲定力和覺知力等心理素質，都需要長時間的鍛鍊才能提升。如果在此之前，我們就要控制煩惱的念頭，怎麼辦呢？那就需要補救措施了——提前準備。

準備什麼？正見，作爲轉化煩惱念頭的解藥。

我們講轉變思維未必奏效，不代表無需正見，相反需要覺知（一個要領）加上正見（兩個準備）。內容與第四章的方向並無不同，但有幾點建議：

一是「解藥」必須有效，不是對別人，而是對自己。最好不聽則已，一聽就有觸電般的感覺，這才叫「正能量」嘛！

二是「解藥」越短越好，最好能當作口頭禪，這樣易於變成自己的潛意識。

三是「解藥」不怕誇張，越誇張越好。你會發現本書的很多建議都符合這三點，尤其最後這點。

何時準備呢？不是事後，不是事中，而是事前。

就好像學校中的論文答辯，一個聰明的考生在出場前，對關於自己論文的解答早已胸有成竹了吧。本次「觀念頭」的考試同理：考題我們已經知道了，就是前面普查出經常困擾自己的煩惱，既然我們知道念頭來得很快、既然我們知道覺知還跟不上速度，爲什麼不有些自知之明，提前分析好考題、準備好煩惱的答案？

就此分享一下自己的體會。大約十幾年前，本人曾經有過一段心情不佳的日子，那算本人事業中的一段低潮吧。一年之中，好幾個最早的合作夥伴陸續離開了公司。回想起原因，雖然說當時公司業務遇阻，但更主要的可能是我這人向來「不善於勵志」。當遇到困難的時候，下屬們難免徬徨，本來就需要引導，那時的我多麼希望自己能像英雄人物般大手一揮、兩眼圓睜、慷慨激昂地勾畫出美好的遠景，而且就是後來公司渡過難關後確實發生的遠景！但本人性格使然，無法用不確定的未來鼓舞士氣，於是看著困惑的同事們一個接一個地走了，雖說覆水難收，但在一年多的時間裡，自責、後悔的念頭一直糾纏著我。直到後來有一天，當我坐在從九龍到中環的輪渡上時，突然想到了「不要爲打翻的牛奶哭泣」，似乎一下子豁然開朗了。

之所以要告訴各位這個例子，倒不是分享如何不後悔，而是本人從十歲開始就知道「打翻牛奶」的道理，怎麼被負面念頭折磨了一年之後才想起這句話呢？可能當一個人處於低潮的時候，反應速度較慢、記憶力較差、甚至智商較低的緣故。當時本人就屬於這種情況，每個人的一生中都可能遇到這種情況。

怎麼辦呢？既然像那句老話講的，「事後沒有後悔藥可吃」，我們就學聰明點，把後悔藥提前吃吧。現在我床邊的櫃子上，貼著歪歪扭扭的很多字，其中一排就是「不要爲打翻的牛奶而哭泣」。這句話我讀了那麼多遍，似乎跑進了我的潛意識，似乎成了我的最佳「解藥」，之後再沒出現長時間的後悔。

不僅要提前準備煩惱的解藥，而且要準備的解藥還不止一副。

至少兩副，針對一前一後的兩個念頭。前一個念頭很明顯——我們煩惱的事情。不太明顯的，是後面還跟著另一個念頭——不針對具體事情的、只是在爲繼續「想」提供辯護的念頭。記得嗎？念頭有這樣一個特點，它無法容忍我們停止思考，它會習慣性地提供藉口讓自己生存下去。

當你試圖擺脫憤怒的時候，念頭會告訴你「發洩一下也好」，於是你的憤怒有了繼續下去的理由；

當你試圖擺脫後悔的時候，念頭會告訴你「一定要汲取教訓啊」，於是你的後悔有了繼續下去的理由；

當你試圖擺脫憂慮的時候，念頭會告訴你「一定要未雨綢繆啊」，於是你的憂慮又有繼續下去的理由；

當你試圖擺脫指責的時候，念頭會告訴你「這樣不公平啊」，於是你的指責有了繼續下去的理由……

要切斷前後兩波念頭，我們就需要準備兩副解藥。

比如對治後悔的習慣，並且知道自己常為損失財物感到懊惱，那麼第一副「解藥」很清楚——為什麼財物不值得後悔。而當打消掉這個念頭以後，後面還可能冒出來另一個念頭，讓我們靜不下來：「不能停止思考啊，否則怎麼汲取教訓呢？」針對這個為前一個念頭辯護的念頭，我們還需要準備另一副「解藥」——為什麼不值得繼續思考。

下面，我們將把一個要領、兩個準備用於生活中的煩惱：指責、嫉妒、自責、後悔、憂慮。如果哪種你沒有，請自動跳過，何必要去瞭解一種自己沒有的病症呢？但如果每種你都有，只證明你是個再正常不過的地球人罷了，而且要恭喜的是——這不變成了一本專為你寫的書了嗎？

讓我們先從最常見的一種負面思維開始。

觀淨相

所謂「淨相」，就是指責。爲什麼要用相對生僻的「淨相」，而不用通俗易懂的「指責」呢？因爲前者指出了後者的源頭——看不慣別人、總覺得別人不夠「乾淨」。事實上，落實到行動的指責很少，更多的指責還僅僅是種心理狀態，卻同樣造成煩惱。「淨相」就是這種心理上的指責。

細分起來，世界上有兩類「淨相」較重的人。

一類是看不慣別人但看得慣自己。我們周圍確實存在這麼一些無恥的傢伙，對別人十分嚴格，對自己無限寬容；比如，別人發脾氣是素質低，自己發脾氣是真性情；別人向上爬是爭權奪利，自己向上爬就是奮鬥不息；別人遲到屬於懶惰，自己早退屬於愛家。前面剛罵別人隨地亂扔東西是沒有公德，但一轉眼自己也這麼做就有充足的理由。一句話：反差是不是太大？所幸此類奇葩雖然各地都有，畢竟還算少數。

另一類「淨相」是看不慣別人也看不慣自己，苛求別人也苛求自己，被稱爲完美主義者。一個完美主義者不允許世界和自己犯一丁點錯誤。如果火車晚點了，他們既會罵交通部管理混亂，也會罵自己爲什麼沒有預計到這件事情。令人困惑的是，這類「淨相」的朋友往往不是壞人，而是一群很清高、很講理、很優秀的人。

據估計，在第一類「淨相」的領域，法國是領先世界的。很多有幸與法國老闆共事的朋友都回饋，老闆哪怕自己沒那麼優秀、沒那麼講理，但同樣清高、同樣覺得別人都不乾淨。具體表現爲：「自己的假期要多，但別人的假期是不需要的」，「自己的薪水總是不夠，但別人的薪水都過高了」。除了朋友的回饋，本人還有幸學過幾年法語，多少有點親身體會……

首先對一切外來文化，法國媒體均保持非常苛刻的標準。看看它們的報導就知道，「法國的設計是一流的，其他地方的都沒有水準」。「法國的繪畫是最棒的，其他畫家都是抄襲的」。中國好不容易開發出一個動畫片「喜洋洋」，立即被法國報紙貼上「阻礙兒童智力」的標籤，多麼煞費苦心、多麼富於想像。

不僅對外國的文化如此，對外國人的態度就更不用提了。按說在已經製造不出什麼的法國，就靠旅遊業帶來的收入了吧。不，法國的服務之差在全世界是聞名的。在法國人的眼裡，外國人簡直是以觀光爲名來竊取法國文化，因此遊客們都是值得鄙視的，別說中國人，就連美國人不也是鄉巴佬嗎？據說美國人解放諾曼第不是爲了戰勝德國，而是爲了控制法國——在最後關頭，這個大陰謀卻被法國大英雄戴高樂粉碎了！

所幸公平的是，法國人不僅看不慣外國人，也看不慣本國人。以我見到的爲數不多但比例很高的法國人來看，不僅周圍人虧欠自己很多，而且水準一定不如自己，甚至連天氣和文物（自己收藏的除外）也需要抱怨。各位一定懷疑，我對法國文化的這種瞭解是否有些絕對呢？確有例外，就是小部分的法國人連自己也看不慣，法國的自殺率在世界上也是名列前茅的。

我覺得這種法式的「淨相」與法語教育有關，爲了讓這個世界減少些指責，本書很有必要翻譯成法文。但我對法語版有種不祥的預感，不僅顧慮自己的文筆是否符合法文優美的邏輯，而且估計「我覺故我在」難免被翻譯回「我思故我在」，至於這節嘛，就會被當成是品味不高的外來語而被刪除吧。

感謝法國讓我們理解了第一類「淨相」。再看第二類「淨相」，這些朋友會辯護：爲什麼完美主義是問題，不是美德呢？

首先，它讓我們過於關注小問題，從而失去寶貴的幸福感。日本詩人荻原朔太郎說：「所謂幸福的人，是只記得自己一生中滿足之處的人；而所謂不幸的人，是只記得與此相反的內容。」遇到生活中難以預料的事，一個完美主義者會難以釋懷，難以釋懷後會感歎，感歎過後會自責，然後這個迴圈重新開始。再遇到與自己無關的事，比如看不慣電梯裡面貼滿了小海報，就會心生不悅；看不慣年輕人開好車，又會心生不悅。

其次，淨相讓我們難以與人相處。因爲淨相嚴重的人，往往堅持認爲自己的標準才是唯一正確的，一旦遇到很小的爭議，就表現爲攻擊性強、容忍度低。比如排隊的時候，後面的人靠得太近，這不符合自己的習慣，於是希望後面的人按照「標準距離」排隊；坐地鐵的時候，旁邊的人說話聲量很大，這又不符合自己的習慣，於是希望別人按照「標準音量」說話。其實這些標準都是自己定的，也沒有什麼嚴格的界限。如果我們採取過激的反應，周圍的同事們和朋友們就會心生畏懼、敬而遠之。

最後，淨相還讓我們失去慈悲心。因爲如果眞正地想去幫助別人，就必須理解別人，適應別人。佛陀就是這麼做的，從榮華富貴、唯我獨尊變爲托鉢行乞、教化眾生，難道他沒有回想過出家前的榮華富貴嗎？肯定有過，但他放下了。難道他沒有覺得周圍的人難以教化嗎？肯定有過，但他也放下了。所謂「在彼同彼，在此同此。彼此渾然，無分辨處」，佛陀把關注放到了他要幫助的人身上，因而不再覺得自己有什麼不同。而淨相重的人，一定做不到這點。

不管哪類「淨相」，都應了那句話：「用別人的錯誤懲罰了自己。」

讓我們看看「觀淨相」的三個階段。

首先是準備階段，即前面所做的關於念頭的分析。對治「淨相」需要怎樣的解藥呢？雖然感恩與講和是大方向，可還稍顯籠統，我們需要找出更適合自己的、更具體的那副「解藥」。在此推薦幾條關於「感恩」、「講和」的警句——

- 孔子說，愛人如己；耶穌說，愛鄰如己。
- 俗話說，不要用別人的錯誤懲罰自己。
- 金木水說：自己也好不到哪去，想想自己幹過更蠢的事。

接下來初觀淨相，即覺察並知道指責的念頭。自己在心裡默默確認「哦這個念頭是一種對別人的指責」，「哦念頭又看不慣別人了」，然後用準備好的正見駁斥念頭。**最後再觀淨相，即再次覺知念頭、防止習慣思維重來**。念頭會找什麼理由讓我們繼續「指責」呢？要麼是「這樣不公平」，要麼是「這有損集體利益」。

「公平」似乎是個大問題。比如在電梯裡有人亂貼小廣告的例子，念頭會說：「我可是爲了正義，難道壞人不該受到懲罰嗎？」聽起來好像有理，於是自己越想越氣。問題是「罪行」沒有那麼嚴重，只不過「淨相」的念頭想得過於嚴重罷了。

而「集體利益」似乎是爲了別人著想。比如地鐵裡有人大聲說話的例子，念頭會說：「這對環境不好，對大家不好，對當事人自己也不好。」於是越想越嚴重、越希望糾正別人。泰國的阿姜查尊者曾經舉過一個例子。在他的寺院中，有來自不同國家的學生，包括很多西方人也慕名而來，但這些學生們在進修期間經常彼此看不順眼，甚至看老師也不順眼。某次，某位弟子指出了別人的很多毛病，並問阿姜查如何看待這些毛病。阿姜查回答說：「你會對森林中的一棵小樹生氣、怪它沒有長得像其他樹一樣又高又直嗎？這是愚蠢的，不要評判別人，人各有特色，勿需肩負著要改變所有人的包袱。」[1]

觀完了「淨相」，讓我們把它放下，再看看另一種形式的指責。

羨慕嫉妒恨

淨相是看不得別人差，而嫉妒是看不得別人好。

別以爲現代人嫉妒心強，其實自人和人打交道開始，這種負面思維就存在。古希臘哲學家芝諾定義：「妒忌是對別人幸運的一種煩惱。」現代作家維達爾更幽默：「自己的成功不夠，別人還必須失敗！」

也別以爲我們這個民族喜歡嫉妒，其實西方社會情況更嚴重，只不過外表比較含蓄罷了。幾年前，美國有一部電影就叫《終極賤靶》（*Envy*），講的是兩個朋友中的一位發明了讓狗屎消失的噴霧劑而發了橫財，導致另一位內心五味陳雜。後來證明這個「狗屎夢」是黃粱一夢，兩人又重歸於好。究其原因，西方文化更強調競爭。相對而言，東方文化深受儒家的「克己」、佛家的「無我」、道家的「無爲」薰陶，競爭性還弱些。但無論東方還是西方，嫉妒可謂全人類各民族的共通特性。

要爲嫉妒的毒液準備解藥，最好先瞭解其來源。

各位一定聽說過「羨慕嫉妒恨」的說法吧？不知道哪位大師描述過程如此貼切：從自己想有，到不想別人有，最後到寧可自己沒有，也不願意別人有——起點在於羨慕。

難道沒有健康的羨慕嗎？有倒是有，只是很少。比如我有一位叫「年年有」的朋友，在多年的同學生涯中，不好意思的是，我始終比他強一點：上中學時候的成績比他好，上大學時候的女朋友比他多，出國的時候比他早，連長得都比他帥很多。雖然如此比較是有問題的，但這都是爲了突出這位「年年有」先生的大優點——沒有嫉妒心。起碼這麼多年來，本人每次取得一點成績，他都眞心爲我高興。所幸好人也有好報，最近聽說他入選了中國政府招攬海外歸國人員的「千人計畫」，獲得了對國家級醫藥專家的巨額贊助，我也爲他感到高興。這種情況畢竟是少數，羨慕與嫉妒僅一線之隔。

女性們比較注意生活的細節，往往表現在具體的事物上，比如看見別人家的房子比自己家的大，比如看見別人家的小孩上的學校比自己小孩上的學校好，比如看見女性友人們買了新的包包。暫停一下，新的包包？LV、Gucci、Burberry、Chanel、Dior？僅僅聽到這些名字就讓女士心跳加速，也讓我寫字的手連抖了五下！如果看到自己心儀已久的包包跑到了女性友人的肩上，那羨慕和嫉妒都沒有了，直奔恨去了，不但恨那個女性友人，更恨自己的老公！相對而言，男性比較注重成就感，羨慕嫉妒恨往往出現在看到別人晉升得更快、取得了更大成就的時候，心中升起一種淡淡的鬱悶：「怎麼不是我呢？」

良知告訴自己，嫉妒心是不健康的，如何控制卻是大問題。

之所以用「觀」的方法控制嫉妒，不僅是因爲這種念頭不由自主——需要「觀」，而且因爲這種念頭來得慢、去得慢——適合「觀」。

「觀嫉妒」同樣包括三個階段，爲避免重複，請參考「觀淨相」的流程，不同點僅在於兩副解藥的不同。

關於第一副解藥，仍然有關感恩與講和，但請找出最適合自己的那副解藥，這裡有推薦的幾條警句——

- 《聖經》中說：不要貪圖虛名，彼此惹氣，互相嫉妒。[2]
- 心懷感恩
- 爲朋友高興

關於第二副解藥，想想看，念頭會怎麼說服我們嫉妒下去呢？它當然不會以「我要嫉妒」的名義，而會以聽起來更正義的說法，最可能的是：「憑什麼他或她……」？

我們不會和一個無關的人比較，因此我們不會去嫉妒小布希、LADY GAGA，或比爾．蓋茨。但我們會和周圍的人比較，和同事比：「憑什麼升她不升我？」，和朋友比：「憑什麼好事都被她占去了？」，和兄弟姐妹比：「憑什麼爸媽總偏心他（她）們？」我們還會和之前周圍的人比較，和過去的同學比：「以前我學得比他好，怎麼現在他過得比我好呢？」，和同鄉比：「我們都是一個地方來的，瞧別人現在混的」，和過去的同事比：「某某年我還是他的主管呢，怎麼現在人家已經不一樣了，可我還是老樣子。」結果我們總嫉妒周圍的人。

對治比較心的解藥，最好是超越，如果我們能在成就上超越對方有多好呢？只怕無法永遠、在所有方面、超越所有人。因此更徹底的超越是不比較。老子可謂這種逆向思維的天才，他說「爲而不爭」、「夫唯不爭，天下莫與之爭」，很難做到吧？沒錯，所以我們才要不斷覺知啊！

「觀」完了嫉妒，我們把嫉妒放下，再看看第三種指責。

觀自責

相對於前面指責別人的念頭，對心理健康危害更大的，是指責自己的念頭。

雖然自責只是一個念頭，卻總以我們身體裡的「政委」自居，隨著我們從小長大，它總用大腦中特有的細微聲音提醒我們：「對自己負責，對家人負責，對集體負責，對世界負責」……長大成人後，當我們犯了錯誤的時候，這個大腦中的細小聲音變成了高聲指責，不是追究責任「之前幹什麼去了？」，就是小題大做、吹毛求疵「都是你的錯」……

朋友，你是容易陷入自責的人嗎？如果是的話，你一定是個很好的人，但也一定是個備受折磨的人，因爲你很清楚自己折磨自己的感覺，有時徹夜拷問，有時幾個月追問。

在所有的負面思維中，自責對我們的破壞最直接，因爲它不摧毀別的，而破壞主體——直搗價值觀的基礎。蘇格拉底認爲一個人是否有成就，取決於自尊心和自信心。這兩個基礎，在「自責」下都變得岌岌可危。

它是如何摧毀自尊的呢？精神專家弗洛沃斯和斯塔爾寫到：「你是自己最嚴厲的批判者和審

判官；並且你從來沒有用對自己交談的方式與別人交談過，如果你眞這麼幹了，你可能就沒有任何朋友了。」[3]的確，誰也不會這麼審問我們，除了我們自己；誰也不會默默承受，除了我們自己。

它又是如何摧毀自信的呢？莎士比亞寫到：「自信是走向成功之路的第一步；缺乏自信是失敗的主要原因。」在機遇來臨時，自責的聲音讓我們猶豫不前，它小聲提醒我們：「上次你就不行，這次肯定也不行。」結果總錯失良機，按說這是念頭的錯誤吧，但它會倒打一耙：「看，你確實不行！」

這就是爲什麼嚴重的自責會引發心理疾病的原因。

既然自責是念頭的聲音，我們自然要覺察並知道這種聲音，即「觀自責」。

請參照「觀淨相」的流程，不同點僅在兩副解藥的不同。

關於第一副解藥，仍然有關感恩與講和，但請找出最適合自己的那副解藥。以下是一些「感恩自己、與自己講和」的警句——

● 世事難料，我也不是神仙。

● 別把念頭當眞。

● 慈悲心先從慈悲自己開始。

關於第二副解藥，想想看，念頭經常找哪些理由讓我們重新自責呢？或者是「你有責任」，或者是「你要反思」。

要反駁「你有責任」，簡單講就是「我沒責任」。聽起來有些不夠公益心吧？不。不。還是因爲「矯枉須過正」，幾十年的教育已經把我們的責任感積累成大山一般，是無需擔心它一夜消失的。不信的話，試著明天把自己變成不負責任的人，恐怕並沒那麼容易實現吧。要想逐步實現「我沒責任」，不妨先從放下一些不必要的虛名開始。不謙虛地說，雖然本人也接受過些許榮譽，但推辭的榮譽遠比接受的多，什麼某某會長、某某評委、某某理事長、某某人物之類，在我看來，都是不必要的責任，因此往往回覆：「謝謝信任和抬舉，還是推薦別人吧。」前半句算眞誠的感謝，後半句也算自知之明。

要回答「你要反思」，就有些難辦了。因爲我們從小就學過孔子的教導「三省吾身」，怎麼能推翻這個儒家傳統的根本呢？其實我不想推翻，也不用推翻，因爲這句話沒講完，孔子把要反思的主題都約定好了，就三條——第一，給人辦事盡力了嗎？第二，對朋友講信用了嗎？第三，學到的知識用上了嗎？（爲人謀而不忠乎？與朋友交而不信乎？傳不習乎？）這三條誰都能做到吧，估計他老先生確認完，就安心睡覺去了。所以說，反思的主題不能擴大。我的理解是每天三次肯定自己、抓住每個時機表揚自己，就像作者爲大家所作的表率一樣。

「觀」完了自責，我們把自責放下。前面講的自責，來自完美主義的苛求。而另一種自責，只希望時光倒流、只希望能重新決定。

後悔與憂慮

後悔和憂慮，兩者的共同點是什麼？就是都錯過了當下。馬克・吐溫有句名言：「今天是你在昨天所擔心的明天。」我再補充一下，今天不僅是我們昨天所擔心的明天，而且是我們明天所要後悔的昨天。

另一個共同點是，後悔和憂慮常常出現在同一個人的身上。我還沒有見過有哪位朋友光後悔不憂慮，或者光憂慮不後悔的，因爲它們都發芽於同一片胡思亂想的土壤。看看周圍，什麼樣的人容易後悔和憂慮呢？愛思考的人——多思就會多慮，不僅胡思亂想，還會用胡思亂想爲胡思亂想找藉口。

再有什麼共同點的話，就是後悔和憂慮都讓人睡不著覺。失眠不是病，但失眠很要命，或者晚上睡不著，或者半夜醒得早，都很痛苦。僅僅爲了睡覺這個人生大福利，我們就應該學會「觀後悔」和「觀憂慮」。

該爲後悔和憂慮準備怎樣的解藥呢？

先看看煩惱的來源。後悔出自大腦不準確的記憶，而憂慮出自大腦不準確的預測，就像成語「杞人憂天」講的那樣。危害還不止於此，後悔會進一步引發更不準確的記憶、讓人自責，而憂慮會進一步引發更不準確的預測、讓人恐懼。因此解藥只需一種：用當下過好當下。

提到當下，不得不推薦最值得參考學習的榜樣——動物。美國詩人惠特曼說：「讓我們學著像樹木和動物一樣順應自然，面對黑夜、風暴、荒謬、意外與挫折。」卡內基也幽默地說：「我有十二年養牛的經驗，從來沒有見過一頭母牛因爲草原乾旱、下冰雹、寒冷，或是男友向別的母牛示好而生氣。動物安然面對夜晚、暴風雨及饑餓，它們從來不會精神崩潰或得胃潰瘍。」[4]因爲動物們始終活在當下。

後面會講到，我們無法根除這兩種煩惱，但要想減少這兩種煩惱的話，最好在生活中保持觀照。別擔心沒機會，後悔和憂慮發生最頻繁，因此被觀照的機會最多。類似地，請參照「觀淨相」的流程，不同處僅在兩副解藥的不同。

先看「觀後悔」。

關於第一副解藥，這裡有一些「活在當下，停止後悔」的警句——

- 過去已滅。
- 塞翁失馬，焉知非福。
- 還有我最欣賞的那句：打翻的牛奶。

關於第二副解藥，想想看，念頭會如何說服我們繼續後悔呢？它經常的說法是：「我們要從過去的錯誤中總結經驗！」聽起來好像很有道理。

確實，一定程度的反思可以避免我們再犯同樣的錯誤，但這得有一定的限度，因爲顯然，過度後悔不僅於事無補，而且浪費生命。歌德說：「後悔更沒用，後悔給你新罪過。」如果缺乏觀照，我們可能在不知不覺的後悔中度過幾個月、甚至幾年，錯過多少當下！

再看「觀憂慮」。

關於第一副解藥，這裡有一些「活在當下，停止憂慮」的警句——

- 船到橋頭自然直。
- 世事難料，多想無用。
- 憂慮解決不了問題。

關於第二副解藥，想想看，念頭會如何說服我們繼續後悔呢？它經常的說法是：「向前看才能保持警覺。」聽起來又好像很有道理。

難道這有錯誤嗎？我們不常聽到政治人物在擱置爭議時說要「向前看」嗎？這句話本身沒錯，心中可以保留對未來的憧憬，但仍需活在當下。如果沒及時觀照，我們可能把憂慮變成陪伴一生的習慣，又將錯過多少當下！

「觀」完了後悔和憂慮，讓我們試圖把它們放下，但有時很難放下。可以說，在所有的負面思維中，後悔和憂慮的生命力最頑強。要根除這兩種經過數億年完善的人類自我保護機制，不像糾正念頭那般容易。

首先注意到了嗎？對於後悔和憂慮重來的念頭，前面都沒有徹底駁斥。因爲一定程度內，有憂慮、有後悔才正常，完全沒有並不正常。就像念頭爲自己辯護的那樣，沒有後悔，人類就無法從錯誤中汲取教訓；沒有憂慮，人類就無法預警未來。因此對生活在現實世界的我們來說，不能不後悔，又不能過度後悔；不能不憂慮，又不能過度憂慮；可以給出的建議，頂多是適可而止。

並且，我們的腦子中眞有一個「不在當下」的念頭嗎？未必。誰都想在當下，可念頭總會自動把人們帶離當下。因此要想減少憂慮和後悔，只有降低胡思亂想的能力；而這沒有捷徑，只能回到「心的鍛鍊」。

至此，我們用到了人生正見的三把鑰匙——感恩、講和、當下，但實事求是地講，它們僅僅算背景知識罷了，而非「觀念頭」的關鍵。什麼才算關鍵呢？覺知。

當你覺知它的時候，念頭就已經開始消散了。

除了煩惱的念頭，我們還面臨煩惱的情緒——更快的、更猛的、更具殺傷力的情緒。有朋友會問：爲何拖到現在才介紹如此重要的情緒？答案並不那麼簡單。

11 生活中觀「情緒」

談起情緒，我們又愛又恨。在中文裡，關於「情」的成語格外多：褒義的有，情深義重、情意綿綿、情竇初開、心甘情願、情投意合、動之以情，貶義的有，無情無義、冷酷無情、虛情假意，情淒意切——看來我們難脫「情」海。

而我最喜歡的，是「情不自禁」。

情緒不來則已，一來則如翻江倒海一般，讓人難以自控。回想那時，思維擋得住嗎？感受擋得住嗎？身體擋得住嗎？不，它們都不是情緒的對手。

紐約大學的約瑟夫·李竇教授具體地說明了感性與理性之間的力量對比，他說：「任何想要假裝某種情緒的人都知道那是沒有用的，人們的意識對情緒的控制是很弱的，而且感覺常常會把理智推開。在思想與情緒的戰爭中，前者永遠是敗將。這是因爲我們大腦的設定是偏向情緒的。

從情緒系統到認知系統的連接，要比從認知系統到情緒系統的連接強得多。」換句話說，**我們的邏輯無法戰勝情緒，情緒卻可以擊潰我們的邏輯**。

這樣看來，情緒管理對自我平靜就至關重要了。有些朋友說，「相對於負面思維，我更希望自己控制憤怒、悲傷等負面情緒；只是……總控制不住。」那太好了，這一章就是爲你寫的、爲控制不住寫的。

在控制情緒之前，我們要搞清楚什麼是情緒。

何謂情緒

中國的古語中有「七情六欲」的說法。「七情」指的是喜、怒、憂、思、悲、恐、驚，即喜悅、憤怒、憂鬱、思考、悲傷、恐懼、驚嚇。七種中，除了喜悅算積極、思考算中性外，其餘五種都屬於負面情緒。其實何止負面情緒，任何情緒只要過度，都對身體不利，想想我們一生「用情」，是否很不划算？

如此不划算的情緒，爲什麼還會被進化史保留下來呢？

神經心理學家瑞塔．卡特說：「我們一直認爲情緒是一種感覺，但這個詞其實有所誤導，因爲它只形容了一半，確實有一半我們在感覺。其實情緒根本不是感覺，而是一組來自身體的生存機制，演化出來讓我們遠離危險，避凶趨吉。」[1]

究竟怎樣的「生存機制」呢？簡單講，情緒幫助我們的祖先集中注意力——無需思考，只需本能。在長期的進化史中，人體對一些非常危險的感覺信號，做好了本能的識別。一旦觸發這些意味著生死存亡的識別，就像警鈴響起般，氣血開始翻滾，激素開始分泌，喜、怒、哀、樂的感覺開始發作——一切都在提醒大腦：「放下其它工作，先處理危險信號！」情緒越劇烈，我們的注意力就聚焦越快，可以想像，這是我們的祖先生存下來的關鍵。

顯然對人類而言，太用情不好，沒用情不行。

既然無法擺脫，那如何與情緒和平共處呢？

事實上，這句話是有語病的：它聽起來好像有某個獨立的情緒可以共處似的，這恰恰是最常見的對情緒的誤解。且聽約瑟夫．李竇教授繼續講解：「與意識有關的情緒，在某些方面來說是假的，是個幌子。它所製造出來的感覺和行爲，是內在機制的表面反應。」[2]

又究竟怎樣的「內部機制」呢？簡單講，情緒橫跨物質和精神兩界，可謂身心分離。

在物質層面，情緒表現爲很明顯的體內能量。還記得那個自我感覺的實驗吧？下一次把憤怒當作觀察情緒的機會，邊觀察，邊問自己：情緒到底在哪裡？最明顯的，莫過於體內湧動著的氣血。氣血是中醫的說法，其實就是體能能量。不僅憤怒，其他若隱若現的情緒如悲傷、痛苦、恐懼、憂鬱等，也能引起體內令人不安的能量。

另一方面，在精神層面，情緒又確實表現爲感受、思維、意識。關於情緒的精神控制中心，笛卡爾認爲在松果體，而古代中醫有「上丹田」、「中丹田」、「下丹田」等不同猜測，這些都被證明是錯誤的。現代醫學已經很清楚地告訴我們，大腦中的情緒調節，至少有三個部門參與：一個是調節中心——大腦的邊緣系統，它負責感受判斷、疏散、調度情緒信號。另兩個是輔助系統——大腦皮層的前額葉負責理性思維的控制、抑制情緒，以及下視丘負責本能反應、啓動情緒。科學家們觀察發現，在情緒活動中，從代表感性的邊緣系統向代表理性的大腦皮層的傳遞訊息量，遠比反向傳遞的訊息量更大，且前者比後者啓動更早、反應更快。[3]這解釋了情緒中的感性確實大於理性。

身體、感受、想法、反應、整體意識，如此算起來，「五蘊」中的五種組成（色、受、想、行、識），居然一個不剩地被情緒包含了！這等於說：獨立的情緒——喜、怒、憂、思、悲、恐、驚——是個神話！

大腦的情緒調節

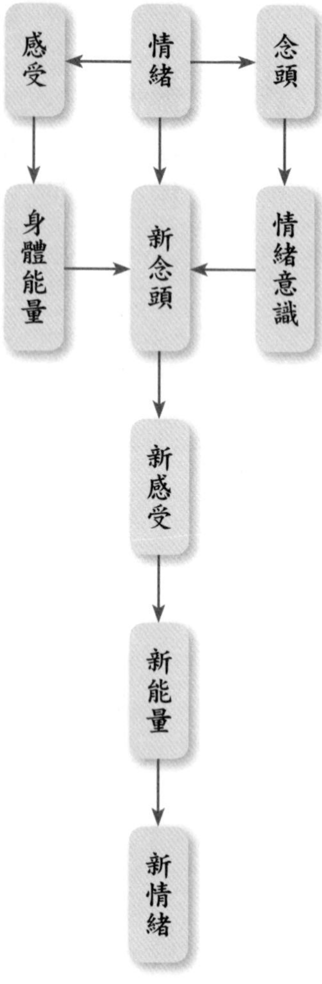

激流中的一葉

之所以要強調情緒的非獨立性，因爲本章的標題叫「觀」情緒，但一個綜合身體、感受、念頭、整體意識的混合體，讓人從何「觀」起？！

好在有一個便利之處：對我們要控制的情緒——憤怒與悲痛——來講，感受和整體意識都非主因，或者是結果，或者是輔因，可以暫時忽略不計。這樣問題就簡化爲：**情緒可以被理解爲思維與能量的組合**，通俗地講，念頭與氣血的組合。

接下來，我們要麼觀能量，要麼觀念頭，哪個更重要呢？

都重要，這正是難度所在。

首先，念頭是主動的、我們無法忽視。前面提到過，念頭常常鼓動氣血造反，表現出來就是情緒。之所以念頭要用這種方式來引起我們的注意，原因很簡單：氣血才能直通大腦。要知道，人類的大腦處於嚴密的保護之中，沒有什麼東西可以直接進入：物理上，它被骨骼保護著；化學上，它被血屏障保護著。儼然一座戒備森嚴的「威虎山」。站在念頭的角度考慮，怎樣快速地「智取威虎山」呢？（※說明：《智取威虎山》是一部電影）只有靠氣血才能辦到！而氣血的能量不發則已，一發生就迅雷不及掩耳地遍及全身上下，尤其大腦！這解釋了情緒確有排山倒海之勢。

相對於念頭，氣血是被動的，但同樣無法忽視，**因爲它是成事不足敗事有餘的那種重要，是拿它沒辦法、最好別惹它的那種重要**。爲什麼這麼說呢？氣血如漩渦或狂風一般把我們的思緒捲走，無形中掩護著念頭。越是又快又猛的情緒，氣血的力量就越大。想想看：當憤怒的時候，是誰讓我們氣喘吁吁呢？當悲痛的時候，是誰讓我們的淚水無法抑制呢？還眞未必是念頭，而是身體中湧動的能量，令人情不自禁。

這等於說：「獨立的情緒管理」也是個神話。

除非我們同時管理念頭和氣血，如此才叫「觀情緒」。

「觀情緒」也有一個要領——覺知，但這次比之前又多一層含義：之前物件是單一的，這次對象是混雜的；之前與念頭拉開距離很難，這次與念頭加氣血拉開距離更難！只要稍不留神，我們就會分不開情緒中的氣血、念頭、自己，或者以為胡思亂想是自己，或者以為湧動的能量是自己，或者以為它們都是自己。

因此要領中的要領，在於保持「兩個職業距離」：氣血是氣血，念頭是念頭，都與自己無關。距離拉開了，自己就不再隨情緒起舞了。

觀情緒也有兩個準備。

一是準備「觀念頭」，這是行動的準備。用個比喻來形容，當我們觀念頭時，好像要看清樹上的一片樹葉（念頭）；現在觀情緒時，好像這片樹葉掉入激流（氣血）之中，但我們仍然要冷靜下來，**看清激流中的那片樹葉**。先找到情緒背後的念頭，才能止息妄念；而止息妄念，才能對情緒釜底抽薪。

二是準備「觀能量」，這是不行動的準備。之所以不行動，因為我們無法控制能量，也無需控制能量。有人會問，「能不能乾脆把氣血忘記算了呢？」不行。我們不能跟隨它，還不能忘記它，必須「看」著它；否則的話，就很容易把它當成自己。最好的選擇是既不跟隨、也不抗拒，任憑氣血翻江倒海、看著能量自生自滅。

下面，我們把「觀」情緒的方法用於實戰。首先瞭解情緒，然後「觀」情緒，最後還需要一個控制情緒的「加強版」——之所以這在「觀」念頭時沒有，而在「觀」情緒時要有——原因在於情緒來得又快又猛，如果「加強版」能替我們抵擋一陣、爭取點時間，就太好不過了。讓我們先從殺傷力最大的憤怒開始。

觀怒火中燒

歷史上多少成功人士，不是病死的，不是老死的，而是被氣死的。

根據記載，諸葛亮一人就與兩起命案有關——王朗是被他氣得從馬背上掉下來死的，周瑜是被他氣得生病吐血而死的。這位諸葛亮先生自己倒一副氣定神閒的樣子，偶爾發脾氣都是裝裝樣子，眞可謂氣死人不償命也。如果諸葛在世的話，「氣與不氣」的話題最好由他來寫。才子易怒，建議好好讀這一節。

常聽人講「憤怒可殺人」，「人」不是別人，而是自己。中醫也講「怒傷肝」，憤怒中的身體不知道積累了多少毒素，憤怒中的大腦中不知道損失了多少細胞，都不是別人的損失，而是自己的損失。想想看，有誰憤怒後是神清氣爽的嗎？反正我沒有過。即便剛剛「怒勝」，比如把家人痛罵得離家出走，或在摔傢俱的比賽中領先，事後也一定感覺筋疲力盡、追悔莫及！如古希臘哲學家畢達哥拉斯所說：「憤怒以愚蠢開始，以後悔告終。」

當然憤怒也傷及他人。憤怒中的我們往往自認爲有理，結果難免出口傷人，古時候的用詞如「開戰」、「決鬥」，到現代變成了「離婚」、「辭職」，在美國更是「法庭上見」、「律師來談」。再從語言上升到行動，結果難免動手傷人，多少家庭暴力、肢體衝突都在一怒之下發生，多少軍事衝突都以全民憤怒的名義發動。

要找到憤怒的解藥，先看看它產生的原因。

從生理上講，這可能是最早伴隨我們成長的一種情緒，甚至早於喜悅。觀察剛出生的嬰兒，是哇哇大哭呢，還是哈哈大笑呢？顯然前者。出生後的小孩，一沒奶吃，又會大哭，一喝上奶，就不哭了，**顯然，哭聲不代表悲傷，僅代表不滿**。這個習慣一直伴隨著我們長大，每當事與願違的時候，大腦就會產生不滿的念頭，再等念頭發動起氣血，就變成憤怒的情緒。

除了個人原因外，當然還有社會原因。一旦涉及社會議題，正義感很強的朋友們就很容易暴跳如雷。先別急，我沒說社會是公平的，更沒說不公應該繼續，我只想說憤怒對你當然身心不利——既解決不了問題，也無法讓你釋懷。儘管在接受現狀之前，我們可以先試圖改善現狀，可如果能做的都做了，社會仍然不公呢？我建議放下它——與它講和。

比個人和社會更現實的原因，在於憤怒是一種「不由自主」的情緒，類似嫉妒的念頭。想想看，誰都知道憤怒的壞處，但誰都忍不住發怒。即使一向心懷善念，也難免發生「一把火燒掉一片功德林」的情況，更何況我們的善念還不夠，憤怒就更難控制了。

如何控制憤怒呢？

正因爲別無良策，「觀憤怒」才是沒辦法的辦法——越早覺知，才越有可能阻止下一步的衝動。

「觀憤怒」也有三個階段。

首先準備階段——瞭解自己的憤怒，分析它背後的原因，是責備、嫉妒、後悔，還是其他的思維模式，找到相應的「解藥」。

接著「觀念頭」階段——覺知憤怒中的念頭，並在心中默默確認，它僅僅是個念頭而已：「哦，這是一種嗔恨的念頭。」「哦，這是一種嫉妒的念頭。」認清念頭後，請用前面準備的正見駁斥念頭、放下念頭。

最後是「觀能量」階段——感覺著憤怒情緒下的氣血在身體裡逐漸平息，心裡也默默確認，它僅僅是能量而已：「哦，氣血衝到頭上了。」「哦，氣血逐漸感覺不到了。」認清能量後，請把自己置身事外、看著能量慢慢退去。

爲緩解憤怒的衝擊力，請考慮以下憤怒控制的「加強版」。

第一，發洩一下能量！這是因爲憤怒中的氣血總要有個出處，出處不是摔碗、摔電視、踢門、踢冰箱。更好的選擇是體育運動，如騎車、游泳、狂奔，或同時進行「鐵人三項」。

第二，轉移一下注意力！雖說第六章中我們曾義正辭嚴地反對過「轉移」，可對於憤怒這種來得快去得快的情緒，的確需要爭取些時間爲宜，比如上網、聽音樂、看電視都是臨時緩衝之下的辦法。

第三，儘快離開現場！這是因爲環境容易觸發習慣，也容易改變習慣。既然很多憤怒是習慣思維造成的，那麼及時離開當時的環境，也將打亂習慣的模式。如果原地不動，只怕越想越「氣」。

有人建議「深呼吸法」，有沒有幫助呢？當然有，但我以爲「深呼吸法」算覺知的一部分，因爲：只有先覺知憤怒，才能在其後想起深呼吸吧。

還有人建議「控制暴力法」，有沒有幫助呢？可以說如果發展到暴力，「觀憤怒」已經徹底失敗。想想從不滿的念頭演變成武力衝突，中間還有很大的一段距離，只有當我們一而再、再而三地錯過覺知「念頭——能量——新念頭——新能量」的迴圈，才可能讓怒氣演變爲暴力。

所以說，憤怒難以控制，這是不可否認的事實。但帶上「觀」的方法試試吧，或許各位會越「觀」越靈的，但願這對你及周圍人的長壽是個福音。

觀完了憤怒，我們放下憤怒。再看看另一種負面情緒——悲痛。

觀悲痛

如果說英雄們要避免氣得半死，那普通人就要避免悲痛傷身。

這也有一定醫學道理。中醫講「悲傷肺」，過度傷感不僅有損健康，還會讓人走向憂鬱，總覺得：「自己怎麼這麼可憐？」典型的例子是《紅樓夢》中的林黛玉，因傷感過度早逝，留下許多詩詞爲證。佳人們愛哭，建議重點閱讀這一節。

說起悲痛，不曉得各位有沒有過大哭一場後「心絞痛」的體會，顧名思義，那時能感到心在

「絞著並痛著」。還不清楚我在說什麼的朋友，好好失戀一場就有體會了。記得自己在大學時不幸第一次失戀，雖然沒有送醫院，但手術般的心痛至今仍能記起。

除了失戀外，更常見的悲痛來自失去親人、伴侶，以及像親人一般的朋友，這裡統稱爲「親友」。雖然我們都衷心地祝願他（她）能永遠相伴，但恐怕並不符合現實情況。人生的法則是每個人都有一天會去另一個世界，雖然無法預測時間，但我們的潛意識裡總覺得「還有時間」，結果親友一旦離去，我們就覺得「非常突然」。糟糕的是，那時我們才想起很多想做而未做的好事，又想起了很多不該做而做了的壞事。

這就告訴我們一個驚人的事實——悲痛的情緒下，還隱藏著更深層的念頭。

一種可能是自責。當失去親人的時候，我們想起還沒來得及報答的恩惠，或者想到有負於人，比如發過的脾氣和曾經的指責，心生深深的愧疚之情。

另一種可能是後悔。比如想起我們錯過了一個道別的擁抱，想起錯過了最後說聲「我愛你」，於是希望時光可以倒流，再給自己一次問候的機會，心生追悔莫及的感覺。

還一種可能是依賴。當這些親人和朋友在世的時候，我們以爲他們的存在是想當然耳的，以爲他們的幫助是想當然耳的，當自己失去這一切時，心中的依賴突然變成了空白。

當然也有眞正的悲痛，它往往來自極度的失去感。對普通的失去感如失業、失學，我們不高興但不至於悲痛，只有當失去的念頭發展爲痛苦，痛苦到氣血湧動的程度，才轉化爲悲痛的情緒。

之所以要分析爲什麼悲痛，因爲我們要搞清楚「觀悲痛」的物件：是一種自責？一種後悔？一種依賴？還是一種失去？搞清楚，才好對症下藥。

「觀悲痛」的流程，請參照「觀憤怒」的流程，就此補充兩點：

關於準備階段，估計沒有誰願意提前準備悲痛的解藥。問題是，往往因爲如此，悲痛才來得十分突然，因此儘量吧，起碼要對這個世界的無常有心理準備。

關於控制悲痛的「加強版」，莫過於豁達的世界觀。看看莊子怎麼做的，《莊子．至樂》中記載了這樣一則故事：

大致是說，莊子的朋友惠子聽說莊子的妻子去世了，就前往弔唁。當惠子來到莊子家門口時，嚇了一跳，因爲見到莊子正坐在草墊子上敲著瓦盆唱歌呢。於是惠子就上前責備說：「想想和你同住、爲你生子、爲你操勞的妻子死了，你不哭也算了，還敲著盆唱歌，不太過分了嗎？」

莊子回答說：「當妻子剛死時，我怎麼會不悲傷呢？可是後來想到，妻子本來是沒生命的，連形狀和氣息都沒有；後來從萬物間出現了她的氣息，由氣息裡產生了她的形狀，由形體裡產生了她的生命；現在她又回去了，就像春夏秋冬四季一樣交替循環，人本來就像從空蕩蕩的大房子中走來，又回到原來空蕩蕩的大房子裡去休息。如果我爲此嚎啕大哭，不是不懂得命運的道理嗎？想到這點，我就停止了悲痛。」

看看莊子的胸懷。不過豁達歸豁達，如果哪天我不在了，各位不要像莊子那般高興哦。

從觀悲痛，到觀憤怒，我們看出與以往情緒控制的不同：無需轉移情緒或糾正情緒，更有效的情緒控制在於覺知——從覺知念頭開始，到覺知氣血收尾——

當我們覺知它的時候，情緒就開始消散了。

在幾十億年的生物演變中，念頭和情緒始終控制著我們的祖先，從來沒有出現過相反的情況。當我們能夠透過覺知去察覺念頭、控制情緒的時候，就實現了一種新的進化，或者說，走上了一條自我平靜之路。

觀念頭，觀情緒，爲的是解決煩惱的當務之急，可如果僅僅忙於擺脫煩惱，生活好像成了一種負擔……不，生活還應該更有意義，這就涉及到一個値得思考的大問題：我們眞的好好生活過嗎？

12 第五步：精進

美國作家艾茲拉．貝達講述過一個「八十四個煩惱」的故事[1]——

有位農夫到佛陀跟前傾訴煩惱：務農的工作有多麼困難，無論是雨季或乾旱，都會帶來各種問題；他很愛自己的太太，但還是不能接受她的缺點；他很愛他的孩子，但仍然無法令孩子完全滿意。他問佛陀這些問題要如何解決。

佛陀回答：「很抱歉，我無法幫助你。」

農夫很困惑：「你不是一名偉大的導師嗎？」

佛陀回答：「人類有八十三種煩惱，有些煩惱會突然不見，但又會生起其他的煩惱。」

農夫很憤怒：「那你講的一大套又有什麼用呢？」

佛陀回答：「我雖然無法解決這八十三種煩惱，不過也許能紓解第八十四個煩惱——不想有任何煩惱的煩惱。」

這個故事告訴我們：絕對而孤立的平靜是不存在的，它類似量子力學的測不準狀態。世界如此無常，連平靜都無常。如果我們想平靜得持久，那麼除了死亡外，只有一種選擇——精進。

「精進」的意思是繼續努力，除了要有努力的行爲，更要有努力的精神——堅定信念，不退縮地做下去的精神。唯一的問題是：這有違人類的天性——懶惰與逃避。

常應常靜

先說懶惰。

按說對本書而言，沒有比懶惰更糟糕的回饋了。蕭伯納說「如果你只單向傳授，他永遠也學不會」，的確，如果讀到這裡的各位舊習難改，並不說明本書教得不好，只說明你不夠精進！同樣，如果哪天本書的作者胡亂發火——沒錯就那傢伙，也只因爲他又開始懶惰的緣故！

再說逃避。

之前講過的逃避還是小逃避，更大的逃避是逃避生活。比如信佛是好事，但信到厭世的地步絕非好事，有人期盼著另一空間——天堂，有人期盼著另一時間——下輩子，這些朋友或許想：

「佛陀講這個世界無法解脫煩惱，那另一個世界呢？」

記得前幾年的一部電影叫《楚門的世界》，主人公從小生活在一個人造的小鎮上，小鎮幸福安詳。楚門長大後，成爲小鎮上的保險經紀人，自己的生活也幸福安詳，一切都好像被上帝安排好了似的。但楚門仍有煩惱，他的煩惱就是：爲什麼一切這麼好！小鎮中的所有人，鎮長、愛人、家人都勸他說：「這就是屬於你的世界。」直到某一天楚門離家出走，才發現小鎮確實是一個被安排好的世界，在小鎮之外還存在另一個世界。不妨猜測，當主人公楚門從小鎮來到我們之中，一定會發現這個新世界多不完美。

情況也可能發生在我們身上。萬一天堂與這個世界沒什麼差別呢？更可怕的是，萬一還不如此時此地呢？結果到了那裡，被告知自己剛剛錯過了天堂，即過去的一生。你看，開頭我得罪了地上的，現在又得罪了天上的，好在這是最後一章了。

既然天堂也有天堂的煩惱，那我們還是學會與這個世界、這一輩子的煩惱共存吧。最簡單的精進，前兩章已經講過，就是在生活中觀念頭、觀情緒。其實類似的方法，老子在兩千年前就講過，他說：「眞常應物，眞常得性，常應常靜，常清靜矣。」

「眞常應物，眞常得性」，意思是日常的煩惱沒什麼可怕，我們按照本性去應對。反過來，日常煩惱也可以鍛鍊我們的本性。哪些本性呢？我想大致是定性和覺性吧。

「常應常靜，常清靜矣」，意思是我們對生活中的煩惱見到一個就覺知一個，覺知一個切斷一個，切斷一個放下一個，這樣就可以心無罣礙，從而實現自我平靜的目標。

但「常應常靜」就是精進的全部意義嗎？不。**比在煩惱中精進更難的，是在平淡中精進。**

方法在於生活中的正念與生活中的正定——這才是不爲人知的精進，這才是不爲人知的生活。

生活眞是修行嗎？

各位一定聽說過一句很時髦的話——生活就是修行。

如果有個討厭的傢伙，就是我，非要問個究竟：「這句話怎麼解釋呢？」大師可能輕鬆地給出上一節中的答案：「在日常的煩惱中鍛鍊自己啊。」

如果這個討厭的傢伙，還是我，接著問：「生活中大部分時間沒有煩惱，沒煩惱的時間怎麼鍛鍊自己呢？」假如大師還願意繼續搭理的話，一定是非常欣賞這個問題的緣故。

如果這還不算完，我仍有問題：「假如吃飯、睡覺、走路、幹活都算修行，那麼什麼時候不算修行呢？」估計可憐的大師眞該生氣了，而追問的傢伙也該被逐出山門了。

關於「生活是不是修行？」，我以爲，大部分人的大部分時間根本算不上修行。人們坐著，只是在那裡發呆；人們走著，只是在那裡散步；人們在洗碗掃地，只是在那裡幹活；人們躺著，只是在那裡睡覺——這些糊里糊塗的生活，怎麼算得上修行呢？

雖然聽起來令人沮喪，但部分讀者或許暗暗認同：修行的目的在於修心，沒有「心」的話，「行」的意義何在？假如吃飯、睡覺、掃地都算修行，修不修又有何區別？

除非，你是帶上覺知。

除非，你的「心」在觀察。

要我認可「生活是修行」，前提一定是明明白白地生活。

最理想的狀態，當然是每時每刻都念念分明，但實際上很難實現。因爲周圍的干擾太多，不管環境、感受、念頭，都會把我們有限的覺知淹沒。怎麼辦呢？不僅覺知，還要專注，加起來就是生活中的正念。

比如會議中、電話中、電腦前……這些都是應該專心思考的時候，請把自己的「心」安於會議、電話、電腦。再如開車時、跑步時、勞動時……這些都是專心運動的時候，請把「心」安於視覺、動作、身體。說來奇怪，最適合的正念時刻，仍然是佛陀兩千多年前所講的「行、住、坐、臥」四種——行走時，站立時，坐下時，睡覺前。當然，對現代人來說，我還可以補充另外四種——在吃、喝、玩、樂中，也請保持正念。

當我們帶上正念的時候，生活的樣子會發生改變。

西方正念課程常用一種叫作「巧克力正念」或者「葡萄乾正念」的練習：學員們在第一次上課的時候，先收到一枚小小的葡萄乾或者巧克力豆——這裡以 M&M 巧克力豆爲例——老師會指導學員把它放在手上，用手體會它的細微重量，接著觀察它的顏色和光澤，再把它放在鼻子邊上，體會它淡淡的氣味。小心翼翼地把它放進嘴中，但不要咽下去，用舌頭感觸它的形狀和表面，然後開始咀嚼，感覺巧克力豆表面的破碎，以及它在口中分解溶化的過程，品嘗其中的滋味，這時才慢慢下嚥，體會它通過喉嚨順著食道下滑的感覺，結束前閉上嘴，體會巧克力的餘味，以及自己有沒有想再吃的欲望。如果有的話，欲望的感覺在哪裡？可想而知，這是一次超慢超細的體會。對於以前大把大把吞嚼的學員來講，好像從來沒有吃過這麼一顆巧克力豆，日常的小事居然變得津津有味，大都回饋說：「不知自己錯過了多少生活的體會。」

當我們帶上正念的時候，也更容易融於自然。

回想一下每次戶外旅行，自己是安然自在，還是匆匆而過？其實無論是跑步還是散步，無論是在城市還是在鄉村，我們都不妨體會天地間的大美。講到這裡，我覺得似乎有義務爲我居住過十幾年的南京代言一下。大家都知道古都南京依山傍水，可以用左青龍、右白虎，上玄武、下朱雀來形容。「左青龍」指的是長江，我欣賞它默默地流過，絲毫不理睬人間的喜怒；「右白虎」指的是紫金山，我喜歡冬天開車進山，在樹林中感受自己的渺小；「上玄武」指的是玄武湖，我享受春天湖邊的新綠，感覺到小草們自在地活著；「下朱雀」指的是夫子廟，我偶爾晚上去看那裡人潮湧動、小攤小販樂此不疲的樣子。難道我僅僅在爲南京代言嗎？不。我是提醒各位，在你所住的城市，一定也有這些「青龍」、「白虎」、「玄武」和「朱雀」吧，各位可曾好奇地感覺其中，抑或僅僅去拍照留影、匆匆而去？

這就是我所知道的生活中的正念了。

有人會說：「哪有這般閒情逸致啊？我還要實現很多社會責任、自我價值、人生意義。」對此我不僅認同，而且敬佩。確實本書宣導的都是小生活，而你提到的是大目標，兩者該如何協調呢？

孟子說過一句話：「窮則獨善其身，達則兼濟天下。」翻譯成白話就是，過得好我們就照顧大家，過得不好我們就照顧自己。「窮」在這裡，不是貧窮，而是不得意，沒當官、沒出名、沒發財、沒人愛，在孟子眼裡都算「窮人」。「達」正好相反，今天的官員、名人、明星、富人，在孟子眼裡都算「達人」。

孟子這句話講得很好，但也有點問題。說他講得好，因爲給出的兩個選擇都積極向上，符合儒家「君子自強不息」的作風，絕非消極遁世的第三種選擇。只是前後反差有點大：怎麼聽起來好像要我們二選一呢？

其實「濟天下」和「善其身」本來並不矛盾，可以兩者都選。「濟天下」是奮鬥目標，胸懷人生目標總比沒有人生目標好。「善其身」是正念生活，每天的日子還要好好過。

如果說人生是段旅途，那麼遠處的目標默默記在心中就行了，可別忘記欣賞一路的風景。遺憾的是，我們特別擅長記住大目標，特別容易忽略小生活，往往專注地朝著「濟天下」狂奔，卻回頭發現自己一路走來，忘記了小到不能再小的「善其身」，那將是一種多不划算的人生！

不僅要在正念中精進，還要在正定中精進，但要先回答一個問題：爲什麼不能在喜悅中精進呢？

深深的靜，淡淡的喜

其實我也希望能平靜時平靜、喜悅時喜悅，唯獨沒有煩惱，問題是這不現實。

爲什麼說不現實呢？首先，想像在天堂中，也不可能每天狂喜吧，何況我們還在人間。更重要的是，這個時空的宇宙有自己的平衡法則：苦樂總是相伴相生。

人生的痛苦和享受，好像上天買一送一的禮物，買一還必須送一，想不要都不行。

既然有享樂就有痛苦，沒享樂就沒痛苦，那麼我們的最好選擇，唯有一種深深的靜、淡淡的喜。

可能你有些猶豫：我們不是聽過一些勵志的豪言壯語嗎？比如「要轟轟烈烈活一輩子」，或者更嚇人的「要驚天動地愛一輩子」。我只能說：小樂小苦，大樂大苦。開句玩笑話，在祈禱之前請先評估一下自己的承受能力，萬一祈禱應驗了，恐怕來了想要的，更來了不要的。

可能你仍然猶豫：「人生的意義不是追求快樂嗎？」

這要看怎麼定義快樂。早在兩千多年前的希臘時代，就流行過非常入時的快樂哲學，僅憑這個名字，就容易引起現代人的共鳴了吧。當別的學派還在追問世界的本源和人的本質時，這一學派的發起人伊比鳩魯卻直奔幸福的主題；當其他思想家還在深究人生爲理性抑或痛苦時，伊比鳩魯卻把人生定位於快樂。

需要說明的是，伊比鳩魯的「快樂」與一般人不同。他深入研究過如何才能快樂，並列出了兩個條件，首先擺脫身體上的痛苦，其次滿足物質上的欲望。他把人的欲望分為三類：「自然而必要類」，如溫飽；「自然而不必要類」，如煙酒；「不自然也不必要類」，如名利。滿足了這三類是否就會快樂呢？理論上是的，因爲它們都滿足快樂的兩個條件，這就是爲什麼快樂哲學有時也被稱爲「享樂主義」的原因。

但伊比鳩魯對快樂的追求並未結束，他在物質條件的基礎上，又進一步增加了精神條件：在三類欲望中，後兩類會帶來「精神上的紛擾」，不屬於眞正的快樂。而只有第一類，才既沒有物質上的紛擾，也沒有精神上的紛擾，才稱得上眞正的快樂。該用什麼詞形容這種「身無痛苦，心無紛擾」的狀態呢？伊比鳩魯選來選去，選到了本書的主題——平靜（Ataraxia）。看來平靜才是快樂哲學的內涵。

每當聽到有的朋友抱怨自己平凡而平靜的生活，我都眞心地希望提醒他或她——清靜是福。國學大師南懷瑾這樣解釋：「眞正的福報是什麼呢？清淨無爲。心中既無煩惱也無悲，無得也無失，沒有光榮也沒有侮辱，正反兩種都沒有，永遠是非常平靜的，這個是所謂上界的福報——清福。學佛的人要先能明瞭這一點。世界上一切人的心理，佛都知道；一切人都把不實在的東西當成實在，真的清淨來了，他也不會去享受。學佛證到了空性，自性的清淨無爲，大智慧的成就，才算是眞福報。眞福報那麼難求嗎？非常容易！可是人到了有這個福報的時候，反而不要了，都是自找煩惱。」

不自尋煩惱相對容易。問題是，如何不自尋煩惱，卻又不覺得無聊？訣竅不止於深深的靜，更在於淡淡的喜。前者像生活中的「定」——它讓我們不自尋煩惱，安於平靜；後者像生活中的「正」——它讓我們不覺得無聊，樂於平靜。加起來才是生活中的正定。

朋友，你覺得生活無聊嗎？那是由於你一直忙於「向外看」的緣故，也許重新體會自己的「本來之心」有所幫助：它原本在那裡、依舊在那裡，傾聽它的訴求、安住於本性，然後把這顆「本來之心」的範圍擴大，擴大到日常的色、聲、香、味、觸——比如品味一朵花，你覺得感恩才創造了香的概念；承受風雨，你希望講和才讓天人合一；看到天上的雲，你體會當下才帶出自由的感覺。

哲學家洛克把人生比喻爲「白板」——它本無意義，如何讓這塊白板變得充滿情調，值得回味？你畫上了黑色的煩惱，煩惱就成了人生；你畫上了紅色的喜悅，喜悅就成爲人生，問題是：

黑色可以變成紅色，紅色可以變成黑色——這是一塊非同尋常的「白板」——最後你畫上了感恩、講和、當下，平靜就成為新的人生。

這就是我所知道的生活中的正定了。

回到本書起點的問題：「如何在不平靜的生活中尋找平靜？」我們發現文字中已經隱含了它的答案——生活。在生活中，覺知、正見、正定、正念、精進。

噢，還有一份額外的禮物，之所以加上額外二字，因為你可能需要，也可能不需要。對於認同本書方法的朋友來講，認同感可能激發好奇心：這五個步驟是從哪裡來的？

好像我可以自豪地回答：「源於我的靈感」，但這並非事實，起碼只是事實的很小一部分。更大部分就像那句名言所說，本人有幸「站在巨人們的肩膀上」，分享自己所見到的一線風景。為了致敬其中一位默默允許我站在上面的巨人，也為感謝所有耐心讀到這裡的忠實讀者，我覺得有必要揭示一下本書的平靜之源。

額外的禮物

本書的方法，不過是佛學「八正道」的簡化版、通俗版、現代版。

有朋友會抗議：臨到最後，又冒出來一個概念？沒錯，概念隱含著理性，而理性是本書的宗旨。不過我承認其中的分寸難以掌握，概念不清會讓某些讀者睡不著覺，概念太清又讓另一些讀者立即入睡。不需要額外這份禮物的朋友，就請直接跳到臨別寄語吧。

「八正道」號稱佛學的解脫之道，即八個正確的方法，正見、正思維、正語、正業、正命、正精進、正念、正定。用白話來講就是，正確的見解、正確地思維、正確地說話、正確地做事、正確地安身立命、正確地進步、專注地覺知、智慧地平靜。

聽起來是不是像我們從小背誦的四維八德？恐怕有點像。因此坦率地講，我對「八正道」最早的感覺就是四個字——不、以、爲、然，心想：雖說這八條都算好事，但第一，它們與煩惱何干？第二，難道佛學的解脫之道就如此不言而喻？

關於第一個問題，答案是，「八正道」還眞與本書的主題密切相關。我們稱其爲本書的平靜之源，首先因爲方向一致。你看，佛陀的思路一脈相承：他的總綱是苦、集、滅、道，最後一項「道」正是「八正道」。既然「四聖諦」的目的在於滅苦，那麼佛陀讓我們正見、正思維、正語、正業、正命、正精進、正念、正定的目的，用現代語言來講就是擺脫煩惱。於是方向明確了：「八正道」中的「道」，不是個人努力的方法，不是待人處世的方法，不是爲社會貢獻的方法，而是自我平靜的方法。

不僅方向一致，內容更一致。

你看，本書的五個步驟來自「八正道」的簡化。其中，除了第一個步驟覺知可以算總綱外，另外四個步驟正見、正定、正念、精進，均來自「八正道」。

你看，本書的「智慧線」——獲得智慧，運用智慧，鞏固信念——也來自「八正道」的簡化。其中正見是獲得智慧，正思維、正語、正業、正命是應用智慧，正精進、正定、正念是鞏固信念。

你看，「聞、思、修、證」的方法仍然來自「八正道」的簡化。其中正見就是「聞」，正思維就是「思」，正語、正業、正命、正精進就是「修」，而正念、正定就是「證」。

所以說：這不是本人的靈感。

關於第二個問題：是否這八個方法不言而喻呢？

還眞不是！一方面，在追求速成的現代社會中，大家都難免有一種頭痛醫頭、腳痛醫腳的傾向：煩惱馬上勵志——單純修心；求知馬上讀書——單純修知；慈悲馬上行善——單純修行。問題不在速成，而在「欲速則不成」。因此要明確說明的一點是：「八正道」不能像有些朋友希望的那樣簡化為「一正道」。

可另一方面，歷經了兩千多年的古老方法，也一定有可以簡化的餘地。換句話說，既不能一步到位，又最好儘量減少步驟，如何折中呢？

讓我們重新把「八正道」簡化一下，這次按照生活從內向外的次序——心靈、知識、行為——其中，正念和正定對應心靈，正見對應知識，正思維、正語、正業、正命、正精進對應行為。也就是說，「八正道」可以簡化為心、知、行三項。

生活組成：心　知　行

「八正道」：正見、正思維、正語、正業、正命、正精進、正念、正定

自我提升：修知　修行　修心

明代的王陽明曾經大力宣導「知行合一」，但同一個王陽明又大力宣導「心外無物」、「心外無理」，聽起來好像內外矛盾：知行在外、心在內、心外又什麼都沒有，如何解釋呢？後人為了轉這個彎，把王陽明所說的知和行都解釋為心理活動，結果引向神秘與虛無，其實大可不必。

密碼就在「八正道」的次序：修知、修行、修心。也就是說，知與行原本外在不假，但最終它們將歸於內心！所謂知行合一，確切地講是，知、行、心合一。

這就解答了如何折中的問題：**「八正道」的方法簡到最簡，也就是知、行、心缺一不可**。按照這個原則，再對照下本書的五個步驟吧：覺知、正定、正念在修心，正見在修知，精進在修行。

所以說，自我平靜的鍛鍊，五個步驟至此就算完整了。

看來我可以掩卷了。

臨別寄語

當各位快要放下本書的時候，我的心卻沒有放下。因爲我還不知道本書是否達到了「眞實有益」的預期。

親愛的朋友，你偶然拿起這本書，意味著我們之間的一種緣分。當你讀到這裡的時候，更意味著我們之間一種特別的關聯。

可能有人奇怪，如果本書確實是與眾不同、眞實受益的秘笈，爲什麼活得好好的我，要花這麼大精力寫出來呢？其實本人也說不清楚。其實本人並沒那麼高尚，或許這來自古聖先賢的感召吧，或許這來自感恩、講和、當下的力量吧，或許這來自我的本來之心吧。更重要的是，或許我們本來就在一起的吧。

相信嗎？這個世界是無形中相連的，你和我的平靜心也是無形中相連的。如同一棵大樹上的無數顆蘋果，我們有彼此幫助的責任。不管你信不信，反正我信了，本書就是一顆蘋果爲另外一顆蘋果所寫的——願我們無嗔，願我們無悔，願我們無憂，願我們守住自己的幸福。

各章註釋

*說明：作者認同包括本書在內的所有智慧財產權均應得到尊重，因此盡可能注明了引用出處。如果仍有遺漏，請郵件告知。我們將核實後，於再版時補充。

第1章

1《理性情緒行為療法》，第二十七頁，阿爾伯特・艾利斯、黛比・艾利斯著，郭建、葉建國、郭本禹譯，重慶大學出版社，二〇一五年。

2《克服心理阻抗》，第十四頁，艾爾伯特・艾理斯著，盧靜芬譯，化學工業出版社，二〇一一年。

3 Ellis, Rational Psychotherapy, Journal of General Psychology, 59, 35-49.

4《人生不設限》，力克・胡哲，封面，天津社會科學院出版社，二〇一一年。

5 嚴格地講，每個步驟都有「識」的參與。

6 如果把「A則B」作為一個命題，其中A是條件，B是結果，則可以延伸出另外三個命題：逆命題：B產生A；否命題：非A則非B；逆否命題：非B則非A就是它的逆否命題。其中，只有逆否命題是與原命題同真同假，而逆命題和否命題都與原命題的真假無直接關聯。對應本書的例子，如果命題「煩惱意味著胡思亂想的念頭」成立，那麼該命題的逆否命題「沒有胡思亂想的念頭就沒有煩惱」也成立；但逆命題「胡思亂想的念頭意味著煩惱」，和否命題「沒有煩惱意味著沒有胡思亂想的念頭」未必成立。

第2章

1 據《大唐西域記》中記載，釋尊誕生時，向四方行七步，舉右手而唱詠之偈句：「天上天下，唯我獨尊」。或為傳說，或為比喻，請讀者鑒別。

2 *Your Inner Fish: A Journey into the 3.5-Billion-Year History of the Human Body* Neil Shubinw.

3《大腦的秘密檔案》，瑞塔·卡特著，洪蘭譯，第一百六十五頁。遠流出版，二〇一一年。

4 同上，第一百七十七頁。

5《理性動物》，道格拉斯·肯裡克、弗拉達斯·格力斯科維西斯著，魏群譯，第三十三至六十五頁，中信出版社，二〇一四年。

6《雜阿含經》二〇九經。

第3章

1 一說佛陀十九歲出家，三十一歲悟道，傳教四十九年；一說佛陀二十九歲出家，三十五歲悟道，傳教四十五年。本書以後一種為準。

2 感謝空堂法師提到這一比喻。

3《大腦開竅手冊》，桑德拉·阿莫特，王聲宏著，第十二頁、第十四頁，劉寧譯中信出版社，二〇〇九年。

4《克服心理抗阻》，艾爾伯特·艾理斯，盧靜芬譯，二〇一〇年，化學工業出版社，第五十一頁。

5 感謝隨佛法師處提到這一比喻。

第4章

1《如何停止憂慮開創人生》，卡內基著，黑幼龍、陳真譯，第十頁，中信出版社，二〇〇八年。

第5章

1本書的潛意識或深層意識，相當於佛洛伊德所說的「前意識」和「無意識」的總和。

2《潛意識》，列納德・蒙洛迪諾、趙崧惠譯，第三十六頁，中國青年出版社，二〇一三年。

第7章

1佛學「八正道」：正見、正思維、正語、正業、正命、正精進、正念、正定。

第8章

1「轉識為智」中的「智」在佛學中特指為「般若智」。此處泛稱為深入大腦的一切智慧。

2《圖解佛教八識》，洪朝吉，第六十九頁，橡樹林文化，二〇一三年。

3關於大腦皮層變厚的報告，見 Lazar，S W. 等，2005 NeuroReport, p.1893－p.1897.

第9章

1《坐禪的功能》，第四十六頁，財團法人聖言教育基金會，二〇一四年。

2《內觀動中禪》中的「自覺手冊」，林崇安，大千出版社，二〇〇七年。

3《煩惱有八萬四千種解藥》，塔拉・貝內特－戈爾曼著，達真理譯，中信出版社，二〇一一年。

4《邁克・喬治尋找內心的平靜》，邁克・喬治，南溪譯，第一百二十二頁，灕江出版社，二〇一二年。

第10章

1《內觀動中禪》中的「自覺手冊」，林崇安，大千出版社，二〇〇七年。

2《聖經加太拉書》五章二十六節。

3《只想靜下來》，斯蒂夫·弗洛沃斯和鮑勃·斯塔爾著，杜雪瑩譯，印刷工業出版社，二〇一三年。

4《如何停止憂慮開創人生》，卡內基著，黑幼龍、陳真譯，第八十至八十一頁，中信出版社，二〇〇八年。

第11章

1《大腦的秘密檔案》，瑞塔·卡特著，洪蘭譯，第一百三十八頁，遠流出版，二〇一一年。

2同上，第一百六十五頁。

3《打坐與腦》，朱迺欣，第一百二十三頁至一百二十八頁，臺灣立緒文化，二〇一〇年七月。

第12章

1《平常禪》，艾茲拉·貝達著，胡因夢譯，第四十至四十一頁，海南出版社，二〇〇七年。

參考書目

- 《習慣：改變命運的關鍵力量》，〔英〕傑瑞米·迪恩著，劉勇軍譯，湖南人民出版社二〇一四年版。
- 《當下的力量》，〔德〕埃克哈·特托利著，曹植譯，張德芬審校，中信出版社二〇一三年版。
- 《我的抑鬱症》，〔美〕伊莉莎白·斯瓦多著，王安憶譯，南海出版公司二〇一二年版。
- 《認知心理學及啓示》，〔美〕約翰·安德森著，秦裕林、程瑤、周海燕、徐玥譯，人民郵電出版社二〇一二年版。
- 《認知療法基礎與應用》，〔美〕貝克著，張怡、孫凌、王辰怡譯，中國輕工業出版社二〇一三年版。
- 《認知心理學——理論、實驗和應用》，邵志芳著，上海教育出版社二〇一三年版。
- 《心理學史》，葉浩生主編，高等教育出版社二〇〇五年版。
- 《西方哲學史》，〔英〕羅素著，何兆武、李約瑟譯，商務印書館一九六三年版。
- 《先秦諸子百家爭鳴》，易中天著，上海文藝出版社二〇〇九年版。
- 《佛陀傳》，一行禪師著，何惠儀譯，河南文藝出版社二〇一四年版。
- 《靜坐修道與長生不老》，南懷瑾著，復旦大學出版社一九九四年版。
- 《佛教的概念與方法》，吳汝鈞著，世界圖書出版公司二〇一三年版。
- 《印順法師佛學著作全集》，中華書局二〇〇四年版。
- 《孟子的智慧》，傅佩榮著，中華書局二〇〇九年版。

- 《傅佩榮〈莊子〉心得》，傅佩榮著，國際文化出版公司二〇〇七年版。
- 《去聖乃得真孔子》，李零著，三聯書店二〇〇八年版。
- 《人往低處走》，李零著，三聯書店二〇〇八年版。

橡樹林文化 ❖❖ 衆生系列 ❖❖ 書目

JP0001	大寶法王傳奇	何謹◎著	200 元
JP0002X	當和尚遇到鑽石（增訂版）	麥可・羅區格西◎著	360 元
JP0003X	尋找上師	陳念萱◎著	200 元
JP0004	祈福 DIY	蔡春娉◎著	250 元
JP0006	遇見巴伽活佛	溫普林◎著	280 元
JP0009	當吉他手遇見禪	菲利浦・利夫・須藤◎著	220 元
JP0010	當牛仔褲遇見佛陀	蘇密・隆敦◎著	250 元
JP0011	心念的賽局	約瑟夫・帕蘭特◎著	250 元
JP0012	佛陀的女兒	艾美・史密特◎著	220 元
JP0013	師父笑呵呵	麻生佳花◎著	220 元
JP0014	菜鳥沙彌變高僧	盛宗永興◎著	220 元
JP0015	不要綁架自己	雪倫・薩爾茲堡◎著	240 元
JP0016	佛法帶著走	佛朗茲・梅蓋弗◎著	220 元
JP0018C	西藏心瑜伽	麥可・羅區格西◎著	250 元
JP0019	五智喇嘛彌伴傳奇	亞歷珊卓・大衛－尼爾◎著	280 元
JP0020	禪　兩刃相交	林谷芳◎著	260 元
JP0021	正念瑜伽	法蘭克・裘德・巴奇歐◎著	399 元
JP0022	原諒的禪修	傑克・康菲爾德◎著	250 元
JP0023	佛經語言初探	竺家寧◎著	280 元
JP0024	達賴喇嘛禪思 365	達賴喇嘛◎著	330 元
JP0025	佛教一本通	蓋瑞・賈許◎著	499 元
JP0026	星際大戰・佛部曲	馬修・波特林◎著	250 元
JP0027	全然接受這樣的我	塔拉・布萊克◎著	330 元
JP0028	寫給媽媽的佛法書	莎拉・娜塔莉◎著	300 元
JP0029	史上最大佛教護法－阿育王傳	德干汪莫◎著	230 元
JP0030	我想知道什麼是佛法	圖丹・卻准◎著	280 元
JP0031	優雅的離去	蘇希拉・布萊克曼◎著	240 元
JP0032	另一種關係	滿亞法師◎著	250 元
JP0033	當禪師變成企業主	馬可・雷瑟◎著	320 元
JP0034	智慧 81	偉恩・戴爾博士◎著	380 元
JP0035	覺悟之眼看起落人生	金菩提禪師◎著	260 元
JP0036	貓咪塔羅算自己	陳念萱◎著	520 元
JP0037	聲音的治療力量	詹姆斯・唐傑婁◎著	280 元

JP0038	手術刀與靈魂	艾倫．翰彌頓◎著	320 元
JP0039	作為上師的妻子	黛安娜．J．木克坡◎著	450 元
JP0040	狐狸與白兔道晚安之處	庫特．約斯特勒◎著	280 元
JP0041	從心靈到細胞的療癒	喬思．慧麗．赫克◎著	260 元
JP0042	27% 的獲利奇蹟	蓋瑞．賀許伯格◎著	320 元
JP0043	你用對專注力了嗎？	萊斯．斐米博士◎著	280 元
JP0044	我心是金佛	大行大禪師◎著	280 元
JP0045	當和尚遇到鑽石 2	麥可．羅區格西◎等著	280 元
JP0046	雪域求法記	邢肅芝（洛桑珍珠）◎口述	420 元
JP0047	你的心是否也住著一隻黑狗？	馬修．約翰史東◎著	260 元
JP0048	西藏禪修書	克莉絲蒂．麥娜麗喇嘛◎著	300 元
JP0049	西藏心瑜伽 2	克莉絲蒂．麥娜麗喇嘛◎等著	300 元
JP0050	創作，是心靈療癒的旅程	茱莉亞．卡麥隆◎著	350 元
JP0051	擁抱黑狗	馬修．約翰史東◎著	280 元
JP0052	還在找藉口嗎？	偉恩．戴爾博士◎著	320 元
JP0053	愛情的吸引力法則	艾莉兒．福特◎著	280 元
JP0054	幸福的雪域宅男	原人◎著	350 元
JP0055	貓馬麻	阿義◎著	350 元
JP0056	看不見的人	中沢新一◎著	300 元
JP0057	內觀瑜伽	莎拉．鮑爾斯◎著	380 元
JP0058	29 個禮物	卡蜜．沃克◎著	300 元
JP0059	花仙療癒占卜卡	張元貞◎著	799 元
JP0060	與靈共存	詹姆斯．范普拉◎著	300 元
JP0061	我的巧克力人生	吳佩容◎著	300 元
JP0062	這樣玩，讓孩子更專注、更靈性	蘇珊．凱瑟．葛凌蘭◎著	350 元
JP0063	達賴喇嘛送給父母的幸福教養書	安娜．芭蓓蔻爾．史蒂文．李斯◎著	280 元
JP0064	我還沒準備說再見	布蕾克．諾爾＆帕蜜拉．D．布萊爾◎著	380 元
JP0065	記憶人人 hold 得住	喬許．佛爾◎著	360 元
JP0066	菩曼仁波切	林建成◎著	320 元
JP0067	下面那裡怎麼了？	莉莎．瑞金◎著	400 元
JP0068	極密聖境．仰桑貝瑪貴	邱常梵◎著	450 元
JP0069	停心	釋心道◎著	380 元
JP0070	聞盡	釋心道◎著	380 元
JP0071	如果你對現況感到倦怠……	威廉．懷克羅◎著	300 元
JP0072	希望之翼： 倖存的奇蹟，以及雨林與我的故事	茱莉安．柯普科◎著	380 元

JP0073	我的人生療癒旅程	鄧嚴◎著	260 元
JP0074	因果，怎麼一回事？	釋見介◎著	240 元
JP0075	皮克斯動畫師之紙上動畫《羅摩衍那》	桑傑・帕特爾◎著	720 元
JP0076	寫，就對了！	茱莉亞・卡麥隆◎著	380 元
JP0077	願力的財富	釋心道◎著	380 元
JP0078	當佛陀走進酒吧	羅卓・林茲勒◎著	350 元
JP0079	人聲，奇蹟的治癒力	伊凡・德・布奧恩◎著	380 元
JP0080	當和尚遇到鑽石 3	麥可・羅區格西◎著	400 元
JP0081	AKASH 阿喀許靜心 100	AKASH 阿喀許◎著	400 元
JP0082	世上是不是有神仙：生命與疾病的真相	樊馨蔓◎著	300 元
JP0083	生命不僅僅如此—辟穀記（上）	樊馨蔓◎著	320 元
JP0084	生命可以如此—辟穀記（下）	樊馨蔓◎著	420 元
JP0085	讓情緒自由	茱迪斯・歐洛芙◎著	420 元
JP0086	別癌無恙	李九如◎著	360 元
JP0087	甚麼樣的業力輪迴，造就現在的你	芭芭拉・馬丁&狄米崔・莫瑞提斯◎著	420 元
JP0088	我也有聰明數學腦：15 堂課激發被隱藏的競爭力	盧采嫻◎著	280 元
JP0089	與動物朋友心傳心	羅西娜・瑪利亞・阿爾克蒂◎著	320 元
JP0090	法國清新舒壓著色畫 50：繽紛花園	伊莎貝爾・熱志－梅納&紀絲蘭・史朵哈&克萊兒・摩荷爾－法帝歐◎著	350 元
JP0091	法國清新舒壓著色畫 50：療癒曼陀羅	伊莎貝爾・熱志－梅納&紀絲蘭・史朵哈&克萊兒・摩荷爾－法帝歐◎著	350 元
JP0092	風是我的母親	熊心、茱莉・拉肯◎著	350 元
JP0093	法國清新舒壓著色畫 50：幸福懷舊	伊莎貝爾・熱志－梅納&紀絲蘭・史朵哈&克萊兒・摩荷爾－法帝歐◎著	350 元
JP0094	走過倉央嘉措的傳奇：尋訪六世達賴喇嘛的童年和晚年，解開情詩活佛的生死之謎	邱常梵◎著	450 元
JP0095	【當和尚遇到鑽石 4】愛的業力法則：西藏的古老智慧，讓愛情心想事成	麥可・羅區格西◎著	450 元
JP0096	媽媽的公主病：活在母親陰影中的女兒，如何走出自我？	凱莉爾・麥克布萊德博士◎著	380 元
JP0097	法國清新舒壓著色畫 50：璀璨伊斯蘭	伊莎貝爾・熱志－梅納&紀絲蘭・史朵哈&克萊兒・摩荷爾－法帝歐◎著	350 元
JP0098	最美好的都在此刻：53 個創意、幽默、找回微笑生活的正念練習	珍・邱禪・貝斯醫生◎著	350 元
JP0099	愛，從呼吸開始吧！回到當下、讓心輕安的禪修之道	釋果峻◎著	300 元

JP0100	能量曼陀羅：彩繪內在寧靜小宇宙	保羅・霍伊斯坦、狄蒂・羅恩◎著	380 元
JP0101	爸媽何必太正經！ 幽默溝通，讓孩子正向、積極、有力量	南琦◎著	300 元
JP0102	舍利子，是甚麼？	洪宏◎著	320 元
JP0103	我隨上師轉山：蓮師聖地溯源朝聖	邱常梵◎著	460 元
JP0104	光之手：人體能量場療癒全書	芭芭拉・安・布藍能◎著	899 元
JP0105	在悲傷中還有光： 失去珍愛的人事物，找回重新聯結的希望	尾角光美◎著	300 元
JP0106	法國清新舒壓著色畫 45：海底嘉年華	小姐們◎著	360 元
JP0108	用「自主學習」來翻轉教育！ 沒有課表、沒有分數的瑟谷學校	丹尼爾・格林伯格◎著	300 元
JP0109	Soppy 愛賴在一起	菲莉帕・賴斯◎著	300 元
JP0110	我嫁到不丹的幸福生活：一段愛與冒險的故事	琳達・黎明◎著	350 元
JP0111	TTouch® 神奇的毛小孩按摩術——狗狗篇	琳達・泰林頓瓊斯博士◎著	320 元
JP0112	戀瑜伽・愛素食：覺醒，從愛與不傷害開始	莎朗・嘉儂◎著	320 元
JP0113	TTouch® 神奇的毛小孩按摩術——貓貓篇	琳達・泰林頓瓊斯博士◎著	320 元
JP0114	給禪修者與久坐者的痠痛舒緩瑜伽	琴恩・厄爾邦◎著	380 元
JP0115	純植物・全食物：超過百道零壓力蔬食食譜， 找回美好食物真滋味，心情、氣色閃亮亮	安潔拉・立頓◎著	680 元
JP0116	一碗粥的修行： 從禪宗的飲食精神，體悟生命智慧的豐盛美好	吉村昇洋◎著	300 元
JP0117	綻放如花——巴哈花精靈性成長的教導	史岱方・波爾◎著	380 元
JP0118	貓星人的華麗狂想	馬喬・莎娜◎著	350 元
JP0119	直面生死的告白—— 一位曹洞宗禪師的出家緣由與說法	南直哉◎著	350 元
JP0120	OPEN MIND！房樹人繪畫心理學	一沙◎著	300 元
JP0121	不安的智慧	艾倫・W・沃茨◎著	280 元
JP0122	寫給媽媽的佛法書： 不煩不憂照顧好自己與孩子	莎拉・娜塔莉◎著	320 元
JP0123	當和尚遇到鑽石 5：修行者的祕密花園	麥可・羅區格西◎著	320 元
JP0124	貓熊好療癒：這些年我們一起追的圓仔 ~~ 頭號「圓粉」私密日記大公開！	周咪咪◎著	340 元
JP0125	用血清素與眼淚消解壓力	有田秀穗◎著	300 元

衆生系列　JP0126

當勵志不再有效：自我平靜的五步修煉

作　　　者／金木水
責任編輯／李　玲
業　　　務／顏宏紋

總　編　輯／張嘉芳
出　　　版／橡樹林文化
城邦文化事業股份有限公司
104 台北市民生東路二段 141 號 5 樓
電話：(02)2500-7696　傳眞：(02)2500-1951
發　　　行／英屬蓋曼群島商家庭傳媒股份有限公司城邦分公司
104 台北市中山區民生東路二段 141 號 2 樓
客服服務專線：(02)25007718；25001991
24 小時傳眞專線：(02)25001990；25001991
服務時間：週一至週五上午 09:30 ～ 12:00；下午 13:30 ～ 17:00
劃撥帳號：19863813　戶名：書虫股份有限公司
讀者服務信箱：service@readingclub.com.tw
香港發行所／城邦（香港）出版集團有限公司
香港灣仔駱克道 193 號東超商業中心 1 樓
電話：(852)25086231　傳眞：(852)25789337
Email: hkcite@biznetvigator.com
馬新發行所／城邦（馬新）出版集團【Cité (M) Sdn.Bhd. (458372 U)】
41, Jalan Radin Anum, Bandar Baru Sri Petaling,
57000 Kuala Lumpur, Malaysia.
電話：(603) 90578822　傳眞：(603) 90576622
Email：cite@cite.com.my

封面設計／塵世設計
內文排版／歐陽碧智
印　　刷／韋懋實業有限公司

初版一刷／ 2017 年 4 月
ISBN ／ 978-986-5613-42-6
定價／ 320 元

城邦讀書花園
www.cite.com.tw

國家圖書館出版品預行編目（CIP）資料

當勵志不再有效：自我平靜的五步修煉 / 金木水作 . -- 初版 . -- 臺北市：橡樹林文化，城邦文化出版：家庭傳媒城邦分公司發行，2017.04
面；　公分 . --（衆生系列；JP0126）
ISBN 978-986-5613-42-6（平裝）

1. 佛教修持

225.87　　106004347

104 台北市中山區民生東路二段 141 號 5 樓

城邦文化事業股份有限公司
橡樹林出版事業部　收

請沿虛線剪下對折裝訂寄回，謝謝！

|橡|樹|林|

書名：當勵志不再有效　書號：JP0126

橡樹林文化
讀者回函卡

感謝您對橡樹林出版社之支持，請將您的建議提供給我們參考與改進；請別忘了給我們一些鼓勵，我們會更加努力，出版好書與您結緣。

姓名：＿＿＿＿＿＿＿＿ □女 □男 生日：西元＿＿＿＿＿＿年

Email：＿＿＿＿＿＿＿＿＿＿＿＿＿＿＿＿＿＿＿＿

●您從何處知道此書？

□書店 □書訊 □書評 □報紙 □廣播 □網路 □廣告 DM

□親友介紹 □橡樹林電子報 □其他＿＿＿＿＿＿

●您以何種方式購買本書？

□誠品書店 □誠品網路書店 □金石堂書店 □金石堂網路書店

□博客來網路書店 □其他＿＿＿＿＿＿

●您希望我們未來出版哪一種主題的書？（可複選）

□佛法生活應用 □教理 □實修法門介紹 □大師開示 □大師傳記

□佛教圖解百科 □其他＿＿＿＿＿＿

●您對本書的建議：

＿＿＿＿＿＿＿＿＿＿＿＿＿＿＿＿＿＿＿＿

＿＿＿＿＿＿＿＿＿＿＿＿＿＿＿＿＿＿＿＿

＿＿＿＿＿＿＿＿＿＿＿＿＿＿＿＿＿＿＿＿

非常感謝您提供基本資料，基於行銷及客戶管理或其他合於營業登記項目或章程所定業務需要之目的，家庭傳媒集團（即英屬蓋曼群商家庭傳媒股分有限公司城邦分公司、城邦文化事業股分有限公司、書虫股分有限公司、墨刻出版股分有限公司、城邦原創股分有限公司）於本集團之營運期間及地區內，將不定期以 MAIL 訊息發送方式，利用您的個人資料於提供讀者產品相關之消費與活動訊息，如您有依照個資法第三條或其他需服務之務，得致電本公司客服。

我已經完全了解左述內容，並同意本人資料依上述範圍內使用。

＿＿＿＿＿＿＿＿＿＿（簽名）